20歳の自分に教えたい
お金のきほん

池上 彰

SB新書
570

はじめに——コロナ禍が人々の経済行動を変えた

コロナ禍という言葉がすっかり定着してしまいましたね。新型コロナウイルスに感染して辛い思いをした人も大勢出ました。

感染拡大防止のために飲食店の営業が制限され、多くの店の経営状態が苦しくなりました。お客がいなくなれば経営が悪化する。まさに「需要」がいかに大事かがわかりました。高級料亭にお客が来なくなったために、高級食材が売れなくなり、安売りする業者も登場しました。思いがけずに高級品を安く食べられたと喜ぶ人も出ました。「供給」が過剰になったのです。経済の「需要と供給」の関係を思い出します。立場によって、これほどまでに違いが出たのですね。

コロナ禍で世の中のデジタル化も進みました。会社に行かずに在宅勤務をするようになった人も増えました。いつもなら会社の近くの飲食店で昼食を取っていたであろう人たちは、デリバリーサービスを利用するようになりました。「ウーバーイーツ」や「出前館」の文字が入ったカバンを背負って自転車で走る人をしばしば見かけるようになりました。コロナ禍は、このように人々の経済行動を変えたのです。

コロナ禍で経済的に困窮した人や経営が苦しくなった店のために、政府や地方自治体は給付金を支給しました。

でも、そのために国の借金は一段と増加しました。給付金を受け取ったら、すぐに使えばいいのですが、「国の借金がこんなに増えたら、いずれ税金が増えるのではないか。将来が不安だから、お金は使わずに預金しておこう」という人も多く、政府が支給した給付金は、経済の活性化には、あまり効果がなかったことがわかっています。

就職活動中の若者にも大きな影響が出ました。とりわけ旅行業界を目指していた人たちにとって、航空会社や旅行代理店が新規採用を取りやめたことはショックだったでしょう。海外からの観光客に期待していたホテル・旅館業界にも打撃でした。飲食店でのアルバイトの口がなくなって、生活が苦しくなった学生も大勢いましたね。

それなのに、日経平均株価だけは上昇を続けてきました。「景気が悪くなれば株価が下がる」という常識が通用しなかったのです。それはどうしてなのでしょうか。こうした疑問に瞬時に答えられるだけの経済の知識を身につけておけば良かったと悔やんでいる人もいるのではないでしょうか。

そこで、この本の出番です。「20歳の自分に教えたい」という書名には、2つの意味があります。ひとつは、「20歳の頃に、これくらいのことを知っておくべきだったなあ」と考える人のための本だということ。

もうひとつは、「20歳までに、これくらいのことは知っておくべきだ」と考える若者のためでもあるということです。

テレビ朝日系列で土曜夜に放送している「池上彰のニュースそうだったのか!!」は、コロナ禍にあってもニュースに関して視聴者の素朴な疑問に答えられるような番組作りに取り組んできました。

日々のニュースを理解するためには、経済の基礎知識がどうしても必要になります。そもそも株式会社とはどういうものか、円高・円安とは何か、消費税は何のためにあるのか等々、基礎基本を押さえておくことが、どうしても必要になります。

そこで番組では、特に若い世代をスタジオに呼び、素朴な質問を投げかけてもらいながら解説する取り組みをしてきました。

そうした努力に目を付けた編集者から、「番組を本にしませんか」という提案をいただき、この本が出来上がりました。番組を見た人は復習として、見ていない人には新たな学びとして、お役に立てれば幸いです。

池上　彰

２０２２年１月

20歳の自分に教えたいお金のきほん◉目次

第1章　20歳の自分に教えたい経済のきほん

第2章 20歳の自分に教えたい投資のきほん

第3章 20歳の自分に教えたい 税金のきほん

第4章 20歳の自分に教えたいお金のきほん

第1章

20歳の自分に教えたい

◉経済ニュースに関心を持つ若者が増えた⁉

新型コロナウイルスの感染拡大で経済は大打撃を受けました。失業者が増え、高校生や大学生もアルバイトを解雇されたり、シフトを減らされたりして大変な目に遭《あ》いました。中には、経済的困窮などの理由で大学を休学、退学せざるを得なかった学生もいます。企業の中には新卒採用を減らしたところもあり、学生の就職活動にも大きな影響が出ました。

そのせいか、若い人たちの間で経済のニュースに関心を持つ人が増えたのではないでしょうか。困難な時こそニュースを通して世の中の動きを知ることはとても大事です。

ただ、経済に関しては、難しくてよくわからないという人も多いと思います。あなたは経済ニュースで聞く言葉の意味をちゃんと理解していますか。

ここでは、これまであまりニュースを見なかった若い人たちにもわかるように、経済ニュースの基本用語を基礎の基礎からやさしく解説します。

◉経済の基礎知識、理解している？

では、クイズを出しますから答えを考えてください。

Q1　日本のお札（紙幣）を発行するところは？
Q2　物の値段がどんどん下がっていく状態を何フレと言う？
Q3　円高・円安とは円の何が高く・安くなること？
Q4　外国為替とはどういう意味？
Q5　株式会社の株式とはどういうこと？

さあ、あなたは何問できましたか。全部できたという人も、言葉は知っていても、その意味するところをどこまで理解しているかが問題です。
順番に見ていきましょう。

◉なぜお札は日本銀行が発行するのか？

まず、Q１「日本のお札（紙幣）を発行するところは？」の答えは、日本《にっぽん》銀行（略称：日銀）です。

１万円札を見てみましょうか。「壱万円」という文字の上に「日本銀行券」と書いてありますね。５千円札や千円札も同じで、やはり金額を表す文字の上に「日本銀行券」と書いてあります。紙幣を発行できるのは日本銀行だけということがこれでわかります。

お金にはお札の他に硬貨もありますが、こちらは日本政府が発行しています。５００円玉や１００円玉から１円玉まで、どの硬貨を見ても日本銀行とは書いてありません。「日本国」と書いてあります。

硬貨は額が小さく経済への影響が少ないため、お札の補助的な役割しかないということで国が発行しているのです。

では、日本銀行だけがお札を発行できるのはなぜだと思いますか。

日本銀行と壱万円札

「日本国」と記された百円玉

実は、昔はいろいろな銀行がお札を発行していました。まだ日本銀行ができる前のことです。

明治初期、西南戦争（1877年）の戦費をまかなうため、多くの銀行が紙幣を増発しました。これによって世の中に出回る紙幣の量が増えすぎてしまい、経済が大混乱に陥ったことがあります。このことを反省した政府は、1882年に日本銀行を設立し、日本銀行だけが紙幣を発行できるようにしたのです。

●お札を刷りすぎると国の経済が混乱する

日本に限らず世界の多くの国でも、お札を発行できるのは特別な銀行だけです。その理由は、必要以上にお札をたくさん刷ってしまうと、国の経済が滅茶苦茶になってしまうからです。

いま日本政府が、お金が足りないという理由でお札を発行したとします。足りないからもっとたくさん刷ろうとお札の発行量を際限なく増やしていくと、お札が世の中にあふれかえってしまいます。するとどうなるか。物の値段が上がります。いわゆるインフレが起きるのです。

このメカニズムについてはわかりますか？

たとえば、ある人がコンビニエンスストアに買い物に行って、「お店の商品をみんな買いたい。値段が高くてもかまわない」と言ったとします。最初は通常の価格で売るかもしれませんが、そんな人が次から次へとやって来たらどうしますか。コンビニエンスストアの側も、「何もマスク1枚100円で売る必要はないな。高くても売れるのだから千円にしようか、いや1万円にしようか」などと考えるはずです。そうなったら、そのコンビニエンスストアの中で物の値段がどんどん上がっていきます。

これと同じことが日本全体で起きれば、結果としてあらゆる物の値段が上がることになります。

◉日本銀行はお金のプロフェッショナル

お札をたくさん刷って世の中にお金の量が増えるのはいいことのように思えますが、それは一面的な見方です。問題はお金の量と商品の量のバランスです。お札をたくさ

お札の大量発行でインフレになる

お札が余る

物の値段が上がる

ん刷ったとき、それに見合った分だけ商品の量も増えれば、物の値段はそんなに上がりません。ところが、お札だけ際限なく刷ったのでは、いま見たようにインフレになってしまいます。

インフレになると、それまで千円で5個買えていたものが1個しか買えなくなり、次は千円出しても1個も買えなくなる、といったことが起きます。つまり、お金だけ増やしても物の量が変わらなければ、お金の価値は下がる一方なのです。

こういう混乱が起きないようにするため、政府とは別にお金のプロフェッショナルである日本銀行がお札を管理して、その量を増やしたり減らしたりしながらコントロールしています。日銀が世の中に出回るお金の量をきちんと調整すれば、物価を安定的に維持することができます。

◉デフレは良いこと？　悪いこと？

このように物の値段が上がり続けるのがインフレ、その反対に下がり続けるのがデフレです（Q2の答え）。

インフレとデフレ

最近の日本経済はずっとデフレが続いてきました。ただし、短期的に見ると値段の上がっている商品もあります。たとえば、お菓子などで1袋の値段は同じだけど中身が少し減っていたりするものがありますね。これは材料費や人件費が上がったために、実質的に値上げせざるを得なかったケースです。

このようなプチインフレが起きているのは事実ですが、社会全体では物の値段が下がっています。しかも給料が全くと言っていいほど上がっていません。

では、デフレは良いことでしょうか、それとも悪いことでしょうか。

「給料が上がらなくても物が安く買えるのはうれしい」と思う人もいるでしょうね。その気持ちはよくわかりますが、実はデフレはあまり良くないことと考えられているのです。

デフレが良くない理由は次の通りです。

まず物の値段が下がり続けると、会社の儲《もう》けは少なくなります。会社の儲けが減ると、働いている人たちの給料は上がりません。給料が上がらないとお金を使わなくなり、みんな買い物を控えるようになります。すると、会社の倉庫には在庫が積み上がり、商品が余ってしまいます。余った商品は安くしてでも売ろうとするので値段は下がります。

結局、「値段が下がる→儲けが減る→給料が上がらない→買い控え→値段が下がる」という悪循環に陥るわけです。

物は安く買えてもお金がなかなか回らない。だからデフレは良くないのです。

日本は長年、深刻なデフレが続いてきましたが、2013年頃からブレーキがかかり一時はデフレ脱却かといわれた時期もあります。この時は日銀がお札を大量に刷っ

賃金の推移（男女計）

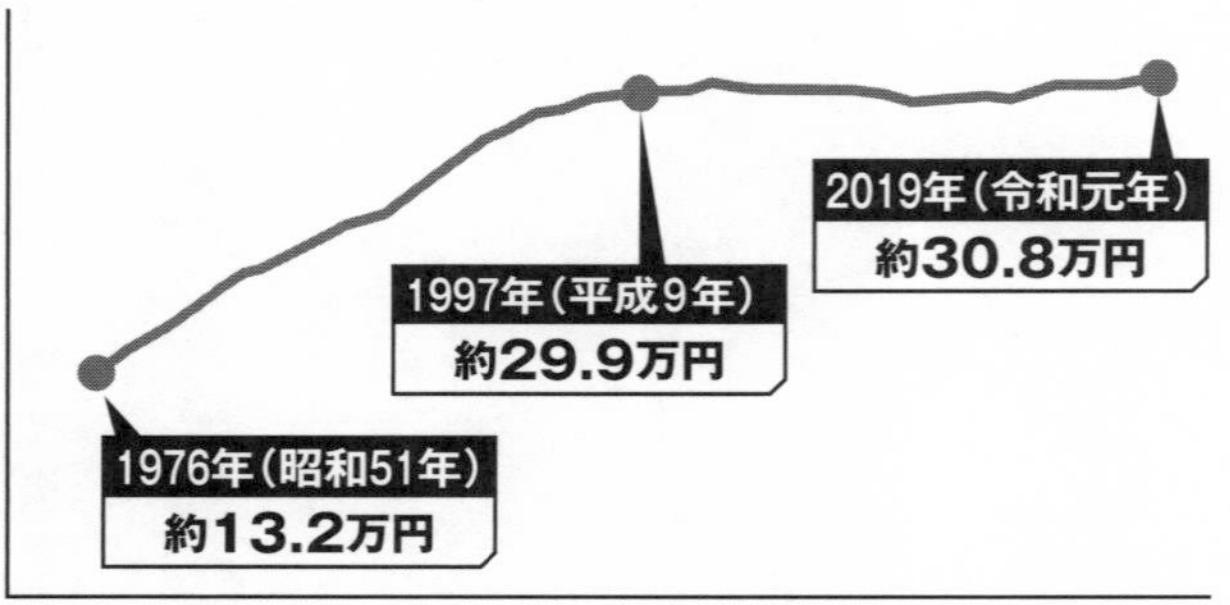

※一般労働者
出典：厚生労働省「賃金構造基本統計調査」

デフレの悪循環

て世の中にお金があふれました。お札を必要以上にたくさん刷ればインフレになるはずです。そのことがわかっていてもお札を大量に刷ったのは、あまりにもデフレがひどく無理やりインフレにしようとしたからです。

それでも思うように物の値段は上がらず、そうこうするうちに新型コロナの直撃を受け、日本経済はどん底に落ちてしまいました。

◉国の借金が膨れ上がってしまった

少子高齢化による社会保障費の増大などが原因で国の借金は大きく膨《ふく》らみました。社会保障費は主に公的年金や医療、介護の費用です。財務省によると、2021年3月末時点で国の借金総額は約1216兆円にも上ります。

ところで、国がどうやって借金するのか、あなたは知っていますか。そもそも国が借金するってどういうことでしょうか。

私たちの生活でいうと、借金するのは収入だけでは足りないからです。では、国の主な収入源は？

これは、基本的に私たちが納めている税金です。ただ、税金で全ての支出をまかなえればいいのですが、現実にはなかなか困難です。そこで税金では足りない分を借金で補っているのです。

27ページの図の左側、「税金収入」が1年間に国民が納めた税金だと考えてください。この税金を使って国や地方自治体は、私たちが安心して暮らせるように地域のサービスを提供したり、公務員の給料を払ったりなど様々な仕事をしています。

これらの仕事のために1年間に使うお金が右側の「支出」です。ところが支出額のほうがはるかに多いので、この状態ではお金が不足し、その不足分は国が借金して穴埋めしています。

こうした国の借金のことを漢字2文字で何と言うでしょう?

答えは「国債」です。国債は国が発行する債券(借金証書)のこと。「債」という漢字には借金という意味があります。「みんなから借金をして不足分の支出をまかないましょう」というのが国債です。

新型コロナウイルス感染症の第1波が日本を襲ったとき、あなたは自治体から10万

税金収入と支出

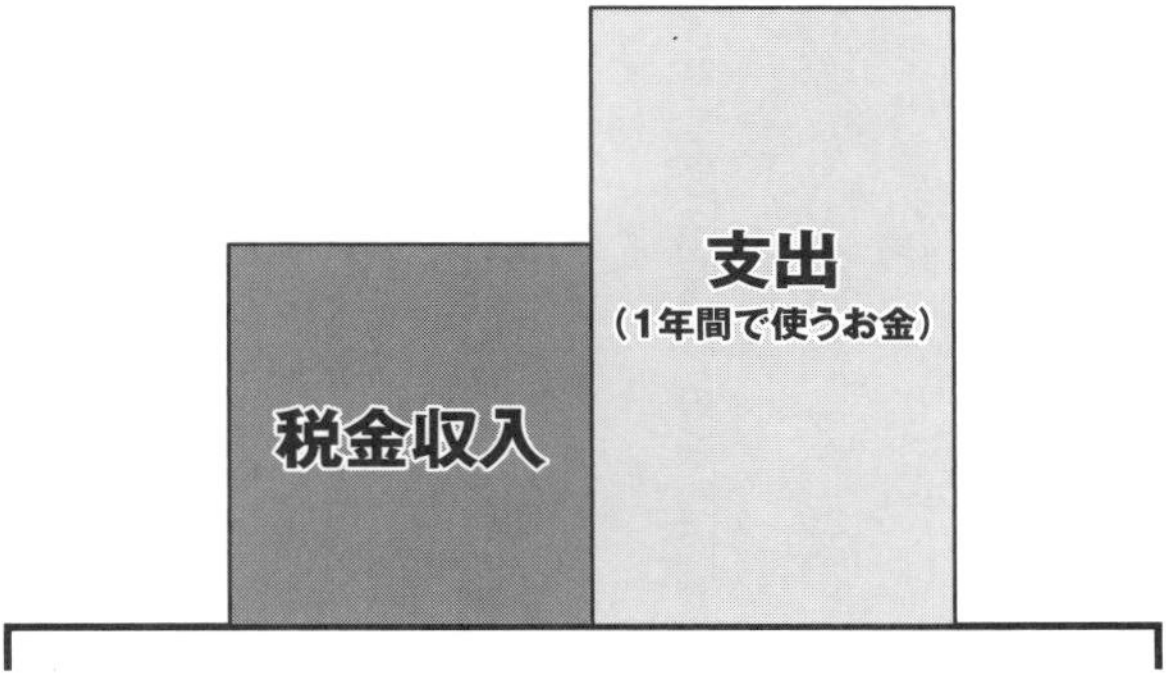

国債の返済も支出の一部

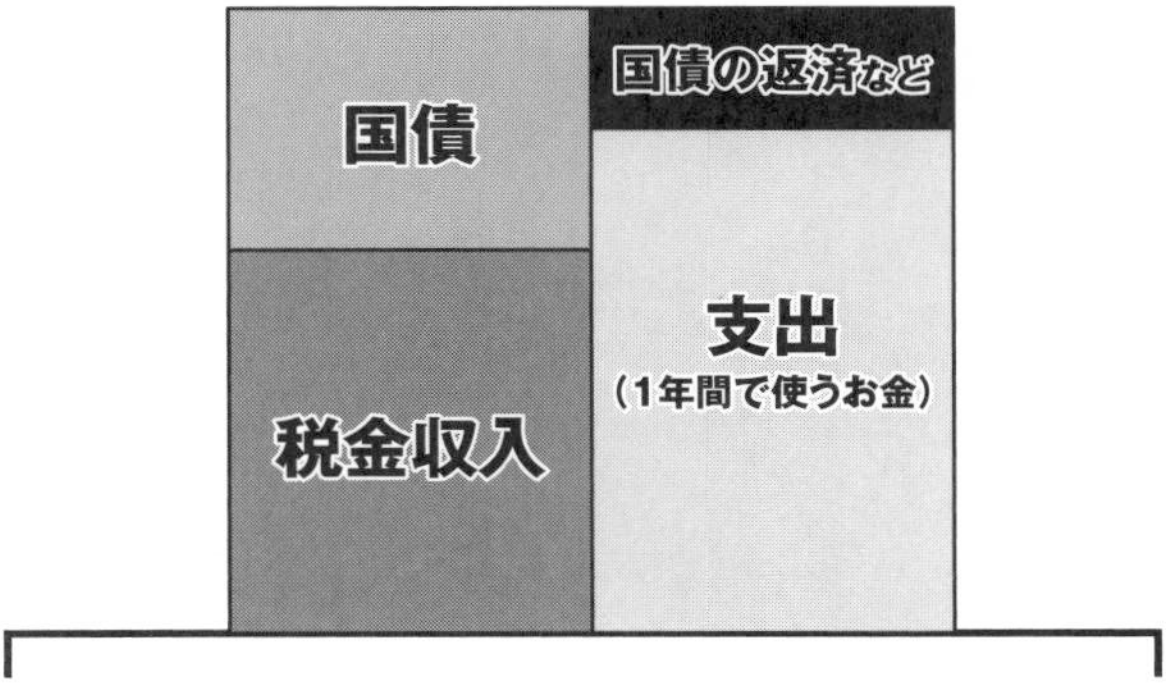

返済分のお金を借りている悪循環

円を受け取りましたよね。あの時は、国の緊急経済対策の一環で国民一人当たり10万円が給付されました。かかったお金は事務経費を含めて13兆円弱です。こういう不測の事態が発生したときも国は国債を発行します。借金をして、そのお金で給付金や経費を払ったのです。

一方で、借金である以上、返さなければいけません。返すお金は「支出」のほうに入ります。ということは、借金返済のためのお金を、国債を発行してまた借りるということになり、悪循環に陥っていることがわかります。

●お金が出回る仕組みを理解しよう

国（日本政府）が国債を発行すると、それを民間の銀行が買って国にお金が入ります。国はそのお金を使って支出を行うわけですが、銀行が国債を買うお金はどこからきたのでしょうか。

これはあなた、つまり国民が預金したお金ですよね。国民が銀行に預金したお金で銀行は国債を買っています。

国債発行とお金が出回る仕組み

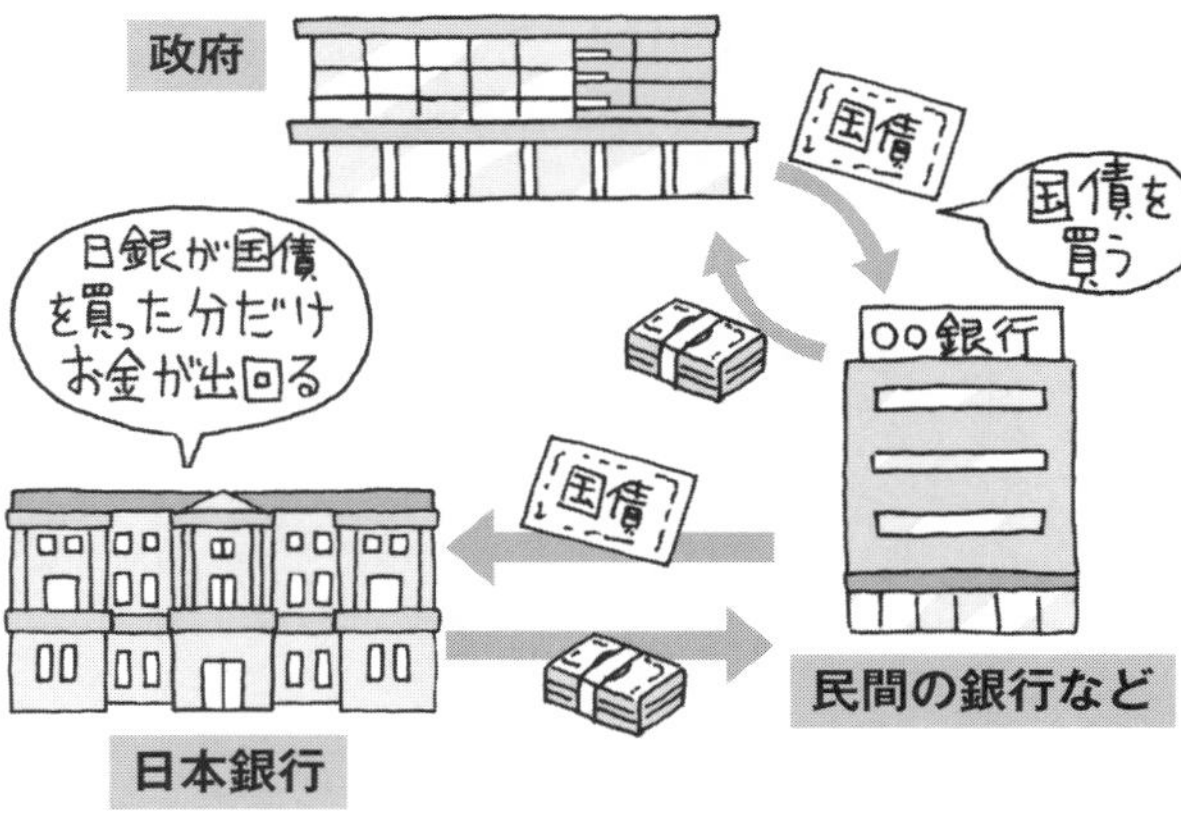

見方を変えれば、あなたが銀行に預金することによって間接的に国債を買っているとも言えるのです。これは「国民が間接的に国にお金を貸している」と言っても同じことです。

国債を買った民間の銀行は、今度はそれを日銀に売ります。日銀がその国債を買ったときお札を刷って発行し、それが民間の銀行に入っていく。こういう仕組みになっています。

ここからわかるように、日銀は好き勝手にお札を発行することはできず、国債を買うことによってその分だけお札を発行できるのです。

◉円高・円安ってどういうこと？

Q３「円高・円安とは円の何が高く・安くなること？」の答えは、「価値」です。円の価値が高くなったり安くなったりするのが円高・円安ですが、そもそも円の価値とは何を意味するのでしょうか。

それを知るためのポイントが、Q４の外国為替です。

Q４「外国為替とはどういう意味？」の答えは、自国の通貨と外国の通貨を交換すること。「為替」という漢字を下から読んでみてください。「替える を為《な》す」と読めますね。これで意味が明確になります。要するに、外国のお金と交換しますよ、というのが外国為替です。私たちが海外旅行に行くと、日本の通貨である円をその国の通貨と交換します。たとえばインドへ行った人は、円をインドルピーと交換します。円をインドルピーと交換したとき、その人は外国為替の仕事をしたのです。

この外国為替で日本人にとって最も重要なのが円とアメリカドルの交換です。では、問題です。１ドル＝１００円と1ドル＝１２０円、円高なのはどちらでしょう？

円高ドル安

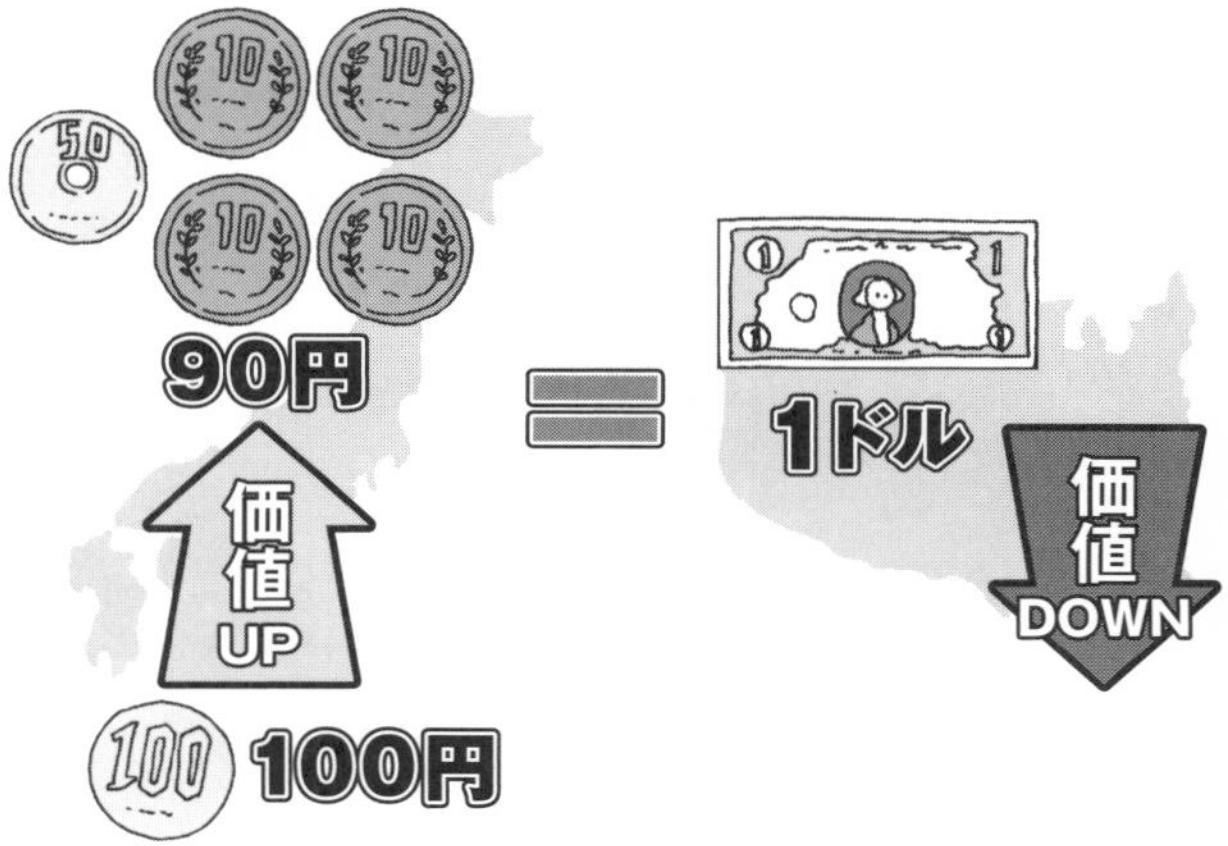

90円
＝
1ドル
価値UP
価値DOWN
100円

円安ドル高

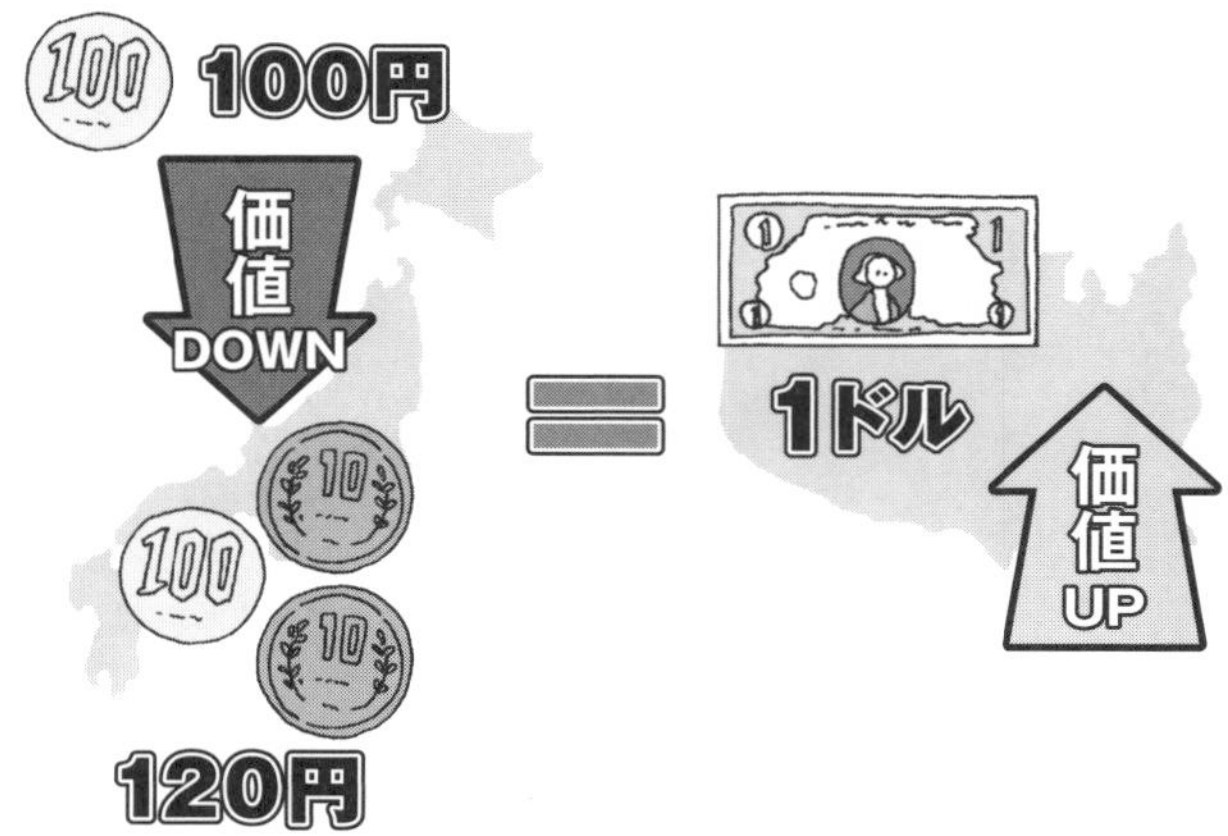

100円
価値DOWN
＝
1ドル
価値UP
120円

円高

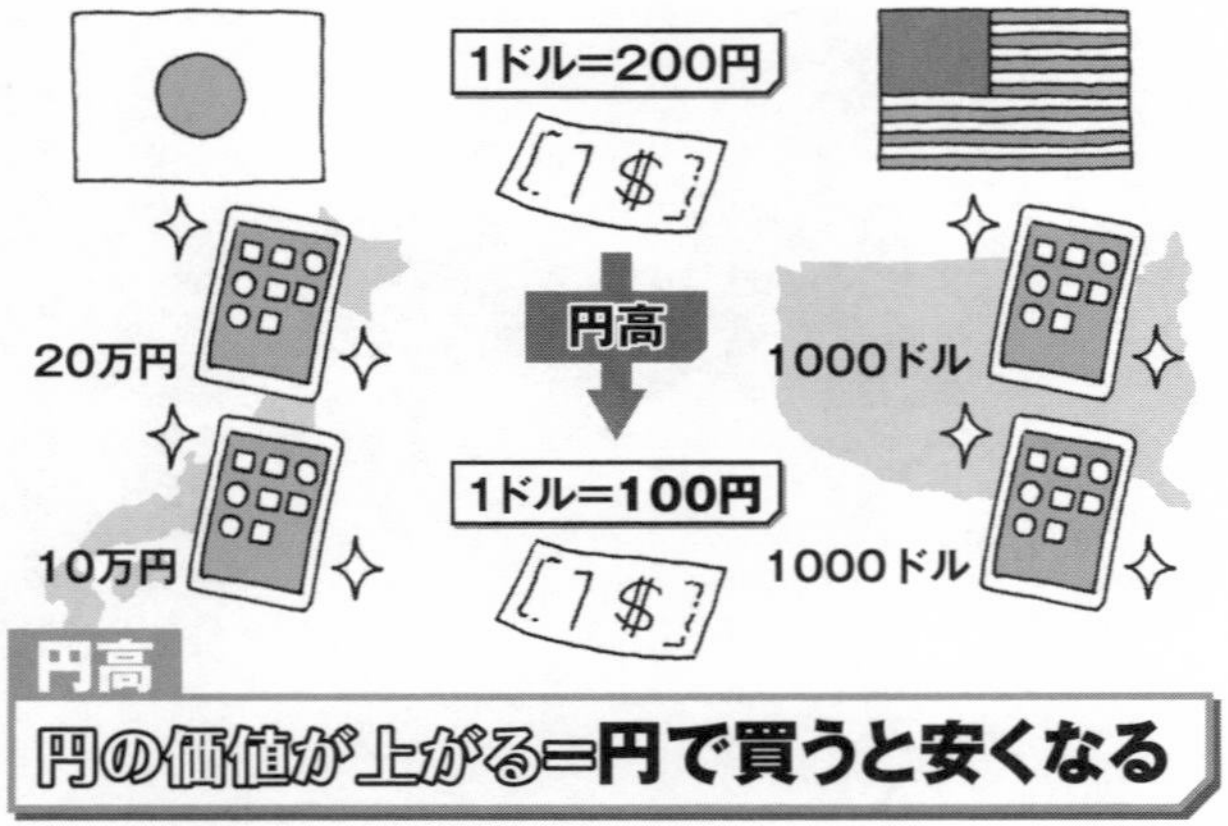

経済にあまり関心のない人は一瞬迷ったかもしれませんが、円高なのは１ドル＝１００円ですよね。

なぜ１ドル＝１００円のほうが円高なのか。その理由をあなたは説明できますか。

話をわかりやすくするため、いま１ドルが２００円だとしましょう。

１ドル＝２００円のとき、アメリカで千ドルの最新携帯電話が発売されました。千ドルということは、日本円にすると20万円です。20万円出さないとこの最新の携帯電話を買うことはできません。

しかし、１ドル＝１００円だったらど

円安

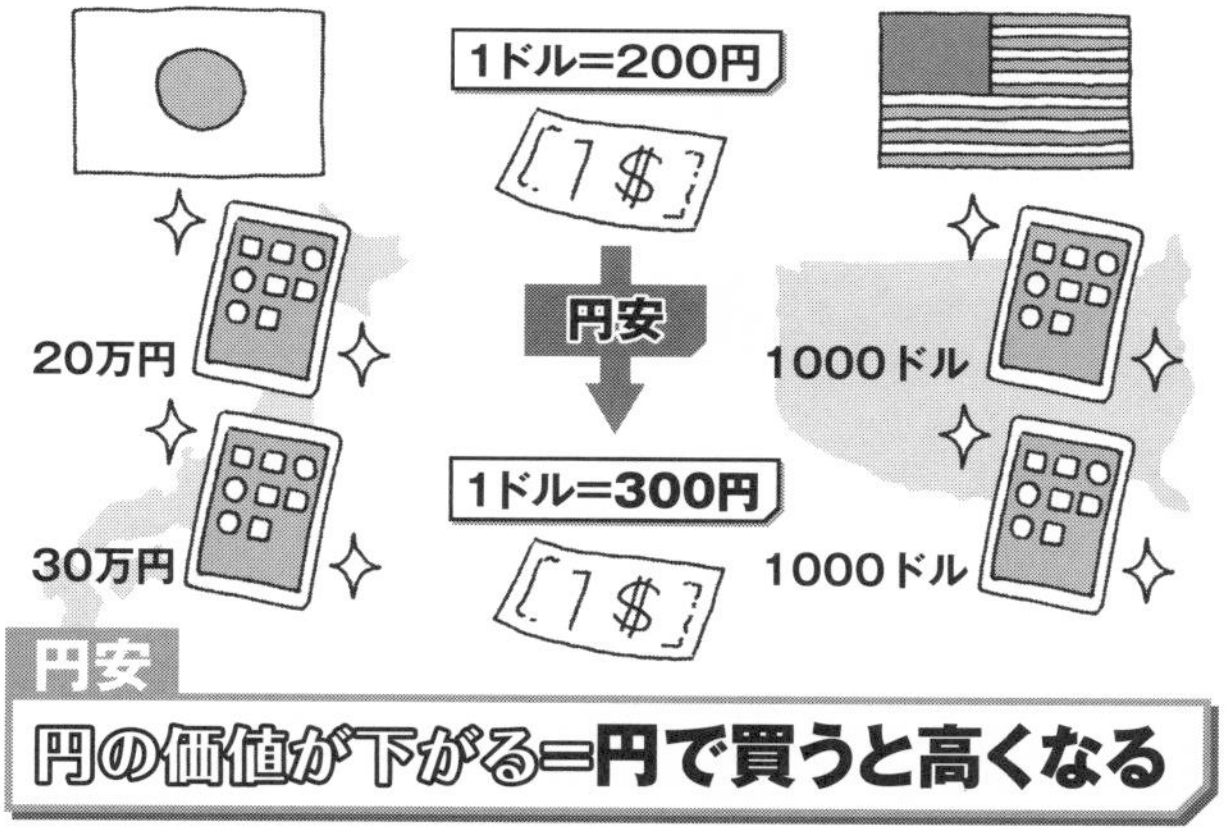

うですか。

１ドルが１００円になると、千ドルの携帯電話は10万円払えば買うことができます。値段は半額になります。

つまり、１ドル＝２００円よりも１ドル＝１００円のほうが、日本円で安くアメリカの製品が買えるのです。ということは、それだけ円の価値が上がったということ。だから円高です。

これがもし１ドル＝３００円になったたら、千ドルの携帯電話を買うには30万円もかかることになります。それだけ円の価値は下がってしまった。これが円安です。

円高で輸入品は安くなる

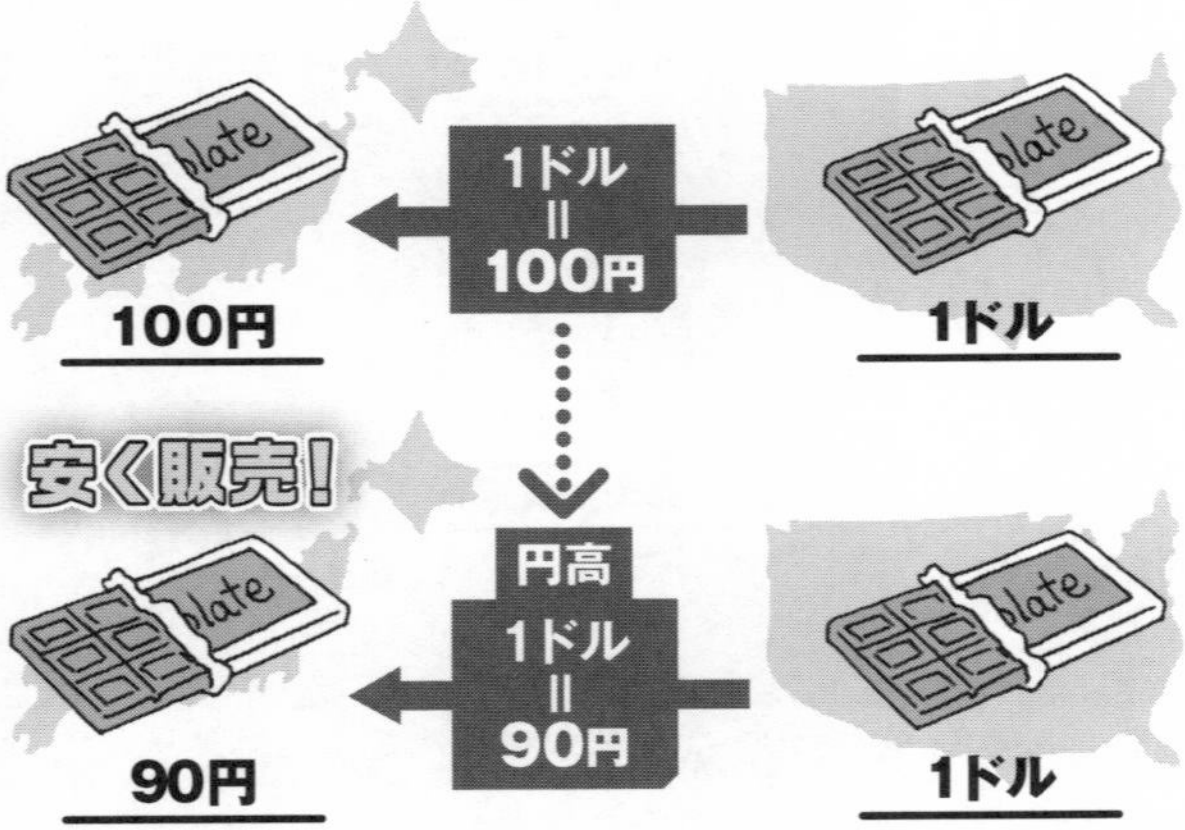

もっと身近な例を挙げましょうか。1ドルのチョコレートがあったとして、1ドル＝100円なら100円出さなければチョコレートは買えません。1ドル＝90円の場合は90円出せばチョコレートを買えます。円の価値が高いのはどちらでしょう？　明らかに後者（1ドル＝90円）です。

以上の例で、円とドルは裏返しの関係にあります。円の価値が上がればドルの価値は下がります。これが「円高ドル安」。逆に、円の価値が下がるとドルの価値は上がり、「円安ドル高」になります。

円安で輸出企業は売り上げアップ

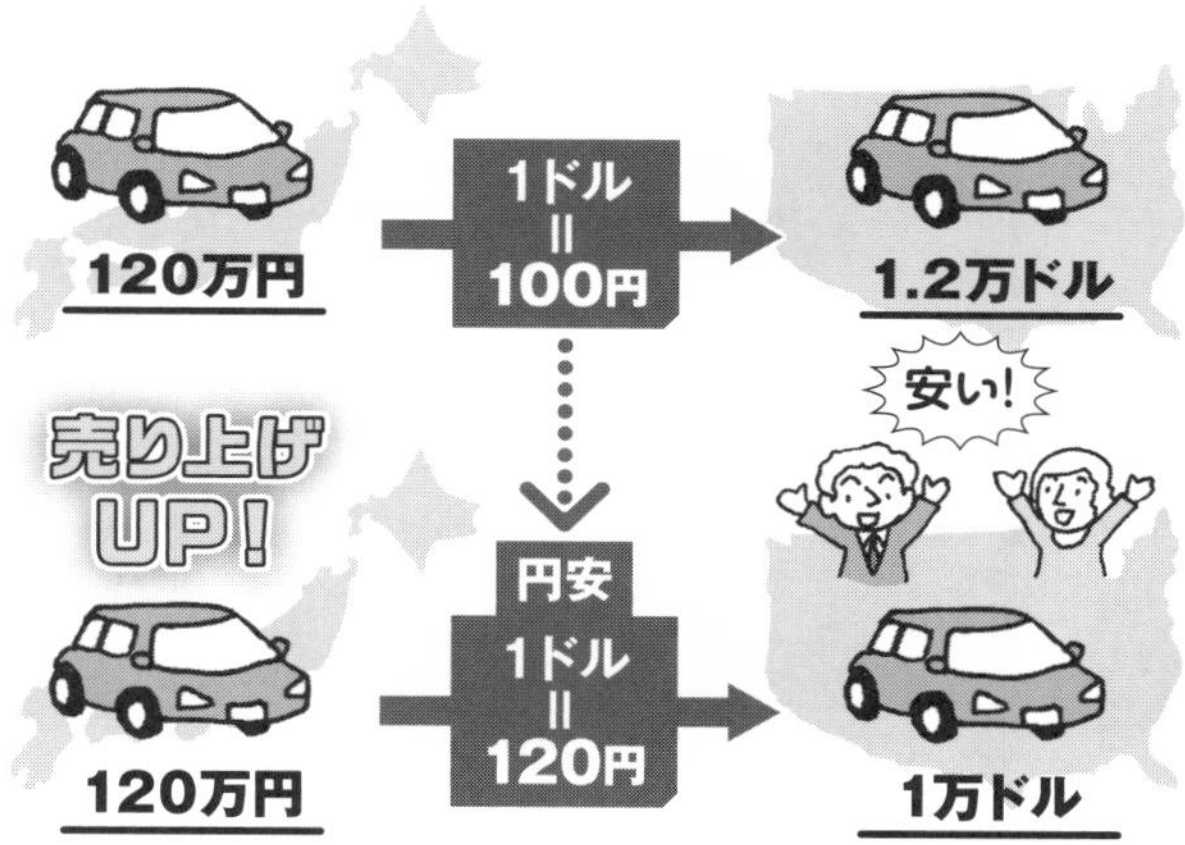

◉日本にとって円高・円安はどっちがいい?

次に考えたいのは、円高と円安はどちらが日本にとっていいか、ということです。

結論から言うと、これはどちらとも言えません。日本国内のどういう立場にいるかによって「円高がいい」と言う人と「円安がいい」と言う人、両方いるのです。

円安でうれしいのは、一つは日本の輸出産業です。たとえば1台120万円の日本車は、アメリカで1ドル=100円で販売されたら1万2千ドルです。でも、円安で1ドル＝120円になったら1万ドルで販売できます。価格が安くなるので、たくさん売れて儲かるはずです。

外国人観光客も円安は大歓迎です。100ドルを両替したとき1ドル＝100円では1万円ですが、1ドル＝120円になったら1万2千円になります。この場合、前者なら100ドルを使って1万円の商品を買うと残金はゼロですが、円安になれば2千円残るわけです。外国人観光客から見れば、日本の商品は何もかも安いということになります。

コロナ禍の前に外国人が大勢日本に来ていたのは、日本で物を買うと全て安いから。彼らのおかげでデパートの売り上げが大きく伸びました。

というわけで、輸出産業や国内で外国人相手にビジネスをしている人たちにとっては、円安はいいことであり、メリットだと言えます。

一方、円高のときは、円安の逆で輸入品が安くなります。

1ドルのチョコを海外から輸入する際、1ドル＝100円のときより90円のときのほうが仕入れ値は安くなり、国内で安く販売できます。また日本は海外から石油をた

円安で外国人観光客が増える

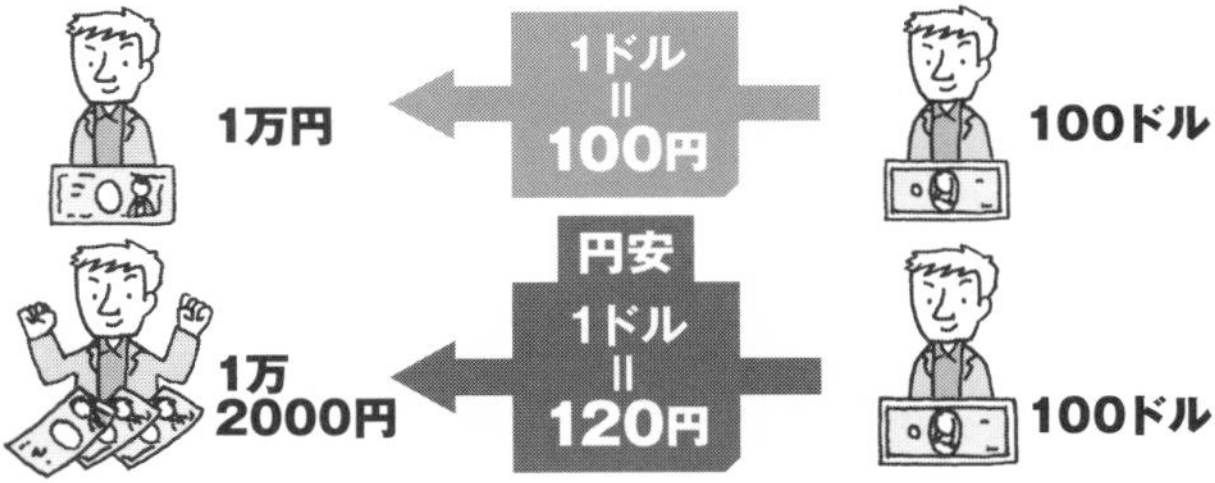

円高で海外旅行が増える

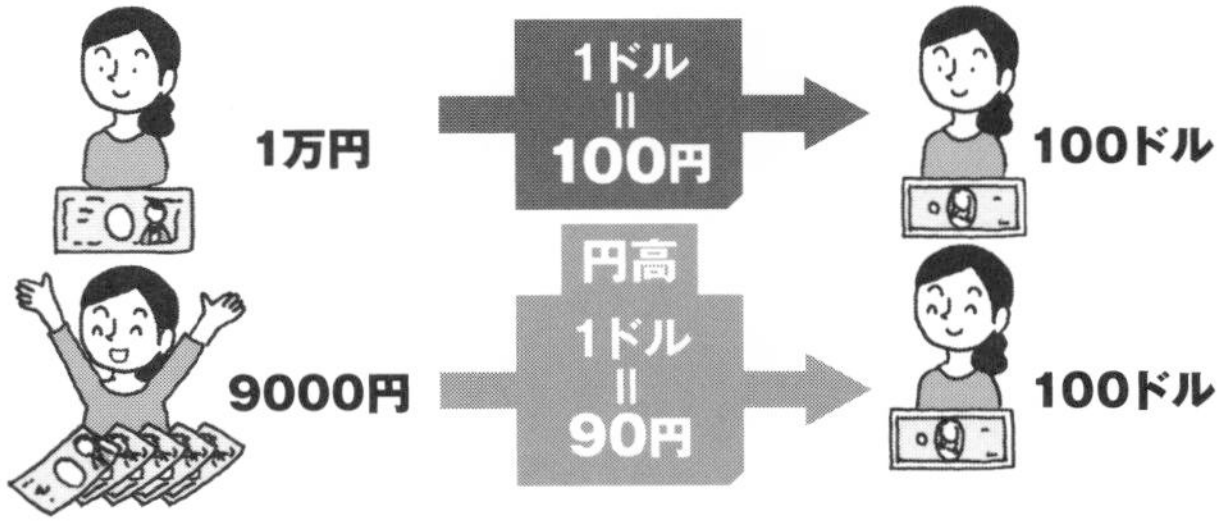

円高・円安それぞれのメリット

円安でいいこと

- 輸出企業が儲かる
- 外国人観光客が増加
- デパートなどの売り上げ⤴

円高でいいこと

- 輸入品が安くなる
- ガソリン代が下がる
- 海外旅行が安くなる

くさん輸入しているのでガソリンも安くなります。

さらに日本から海外旅行に行くときもお得になりますね。1ドル＝100円のとき、1万円で両替できるのは100ドルですが、90円なら9千円で100ドル手に入ります。となると、旅行費用が安くなり、海外への旅行者は増えるでしょう。これも円高のメリットです。

日本国内にいる私たち消費者にしてみれば、外国から入ってくるものが安くなるので円高のほうがうれしい。しかし、輸出で稼いでいる産業にとっては円安のほうがうれしい。立場の違いによって円高を歓迎する人と円安を歓迎する人、両方います。このため、経済にとってどちらがいいとは一概に言えないのです。

●なぜ毎日のように円高・円安と変化する？

2021年は1月が1ドル＝102～104円と円高でしたが、10月には1ドル＝114円台の円安を記録しました。円の価値は日々、上がったり下がったりしています。ニュースで毎日「今日は1ドル〇〇円です」と報じているということは、上がったり下がったりしているからニュースになるのです。

ここで知っておきたいのは、円高や円安になる仕組みです。どんな時に円高・円安になるのかわかりますか。

こんなふうに考えてみたらどうでしょう。

お金の交換は、基本的に物の売り買いと同じです。たとえば、あなたがコンビニエンスストアで100円のチョコレートを買ったとします。これは物の売り買いですが、この場合、自分の100円をチョコレートと交換したと考えても同じことですね。

お金の交換もこれと同様に考えることができます。100円を1ドルと交換することは、100円払って1ドルを買うことと全く同じです。普通は円をドルと交換しても「買う」とは考えないかもしれませんが、実際には買っているのと同じなのです。

このように、お金の交換とはお金を売ったり買ったりすることでもあります。そう考えると、円高や円安になるのは、円が交換、すなわち売り買いされているからだとわかるでしょう。特に投資家の人たちが儲けようとして、安いときに買って高いときに売るということを毎日、それこそ1分2分単位でやっています。

では、どういう時に円高や円安になるのか。円は常に売り買いされているので、人気が高くなれば円を買う人が増えて円高になり、人気がなくなれば円を売る人が増えて円安になります。簡単に言えばそういう関係です。ゲームだって面白いゲームソフトは値段が高くてもみんな買いますよね。それは人気があるからです。中古のゲームソフトも、なかなか値段が下がらないものがある一方、人気のないソフトはすぐに値崩れしてしまいます。それと同じです。

人気が出る理由はいろいろで、たとえば景気。アメリカの景気が良くなりそうだという予測が広がると、手持ちの通貨をドルと交換する（ドルを買う）人が増えてドル高になったり、日本の景気が回復しそうだとなったら今度は一転して円高になったり、そんなことが日々、繰り返されています。

●日本の円は世界で信用の高い3大通貨

ここで問題です。

お金（通貨）は日々世界中で売り買いされ、価値が変わっていくものですが、その中で世界に出回っている通貨のトップ3を挙げてください。

アメリカドル（USドル）は誰でもわかりますね。残る二つは？

一つはユーロ、もう一つが日本の円です。中国の人民元はどうなんだという声も出そうですが、人民元にはまだそこまでの信用はありません。

世界トップ3に円が入っているのはすごいことだと思いませんか。とはいえ、圧倒的に出回っているのは、やはりUSドルです。

USドルが強い理由を、東南アジアとアフリカの貿易を例に取って考えてみましょう。東南アジアの国とアフリカの国が取引をしようとしたら、まず決済にどこの国の通貨を使うかが問題になります。アフリカは「東南アジアの国の通貨は嫌だ」と言い、東南アジアは「アフリカの国の通貨では困る」と言う。「それなら仕方がない。ドルで取引しよう」ということになって、USドルが使われます。この場合、どちらの国にとっても好都合な通貨、それがUSドルです。

現状では、これと同じことが世界中で行われていて、多くの国がUSドルを貿易取引に使っています。結果的に、USドルは世界のお金、世界共通のお金のような役割

世界3大通貨

を果たすことになり、世界一の流通量を誇っているのです。

「USドルがそんなに力があるのなら、いっそのこと世界中の通貨をドルに変えたらいいのでは？」と思う人がいるかもしれません。

しかし、そんなことをしたら大変なことになります。

USドルを発行しているのはアメリカの中央銀行です。ユーロも円も消えてなくなり、世界の通貨がUSドルだけになれば、アメリカが世界経済を牛耳《ぎゅうじ》ることになります。アメリカの言うことを聞かない国には、「けしからん！ ドルが入らないようにするぞ」と脅すだけでその国を従わせることができるからです。これは望ましいことではありませんね。

このように世界一流通しているのはドルですが、円も負けてはいません。世界がピンチになったとき、よく買われるのが円です。

各国のアメリカ大使館がテロに遭《あ》ったりすると、アメリカのドルの価値が下がるかもしれないと心配になり、手っ取り早く他の国のお金に換えておこうという動きが起きます。これがもしヨーロッパでもテロが起きて、ドルもユーロも下がるかもしれない、先行きが不安だということになると、とりあえず円に換えておくという動きになります。

世界的な危機の時は逃げる先として日本の円が選ばれるということで、円はそれだけ信頼されているのです。

●株式会社の株式とはどんな仕組み?

円高・円安とセットで報じられることが多いのが株のニュースです。Q5の「株式会社の株式とはどういうこと？」に、あなたは答えられましたか？

株式とは、会社が新しい事業を始めるとき、必要なお金を集めるために発行する証券です。会社はお金を出してくれた人に株式を渡し、これを受け取った人は株主になります。

会社がわざわざこんなことをするのはなぜでしょうか。若い人に伝わるように、次のような例を考えてみました。

新たに結成されたアイドルグループ、ＩＫＧＭ48が若者たちの間で話題に。ところが、結成当初のＩＫＧＭ48は資金難で満足に公演もできません。そこでファンクラブを作ることにしました。応援したいという人はお金を払ってファンクラブに入会します。大勢の人が会員になってお金が集まれば、そのお金を歌手たちの衣装代や新曲制作費、ツアー代に充てることができます。

ファンクラブ設立後、順調に会員数が伸びたので、ようやく大規模なイベントを行うことができました。グループがここまで成功したのは、ファンの人たちがお金を出してくれたからです。この先さらに会員が増えれば、もっといろいろなことができて

株式会社とは

活動の幅が広がるはずです。

以上、あくまで架空の話ですが、こんなイメージで捉えてもらえば、株式会社のメリットがわかると思います。

この例では、ファンクラブに入会してもらうことでお金を集めていました。これは借金とは性格が異なります。株を発行してお金を集めるのと銀行からお金を借りるのとでは大きな違いがあるのです。

あなたがお金儲けのアイデアを思いついて事業を始めようとしても、過去に何の実績もないと、銀行に借金を申し込んでも簡単には貸してくれません。たとえ借りることができたとしても、そのお金は全額、しかも利子を付けて返さなければいけません。

株式会社の場合は、「私はこんないいアイデアを持っています。これから事業を始めるのでお金を出してくれませんか」と言って、株式を発行して多くの人に買ってもらいます。株の発行によってお金が集まれば、そのお金は返す必要がないのです。なぜなら、ファンクラブの例でもわかるように、応援してもらうために集まったお金だからです。

その代わり、事業が成功して大いに儲かったときは、お礼ということで株主には配当金が支払われます。会社が儲けた分の一部を、株を買ってくれた人に分配するわけです。

銀行にお金を預けても利息はほとんど付きませんが、株を買っていれば、その会社が儲かっている限り、銀行預金から得られる利息を上回る配当金が入る可能性が高まります。最近の大手銀行の普通預金の利息は0・001％程度。100万円預けても利息は1年でたったの10円です。

株を買った人は、配当金以外に株主優待を受けられることがあります。飲料メーカ

株式会社とファンクラブ

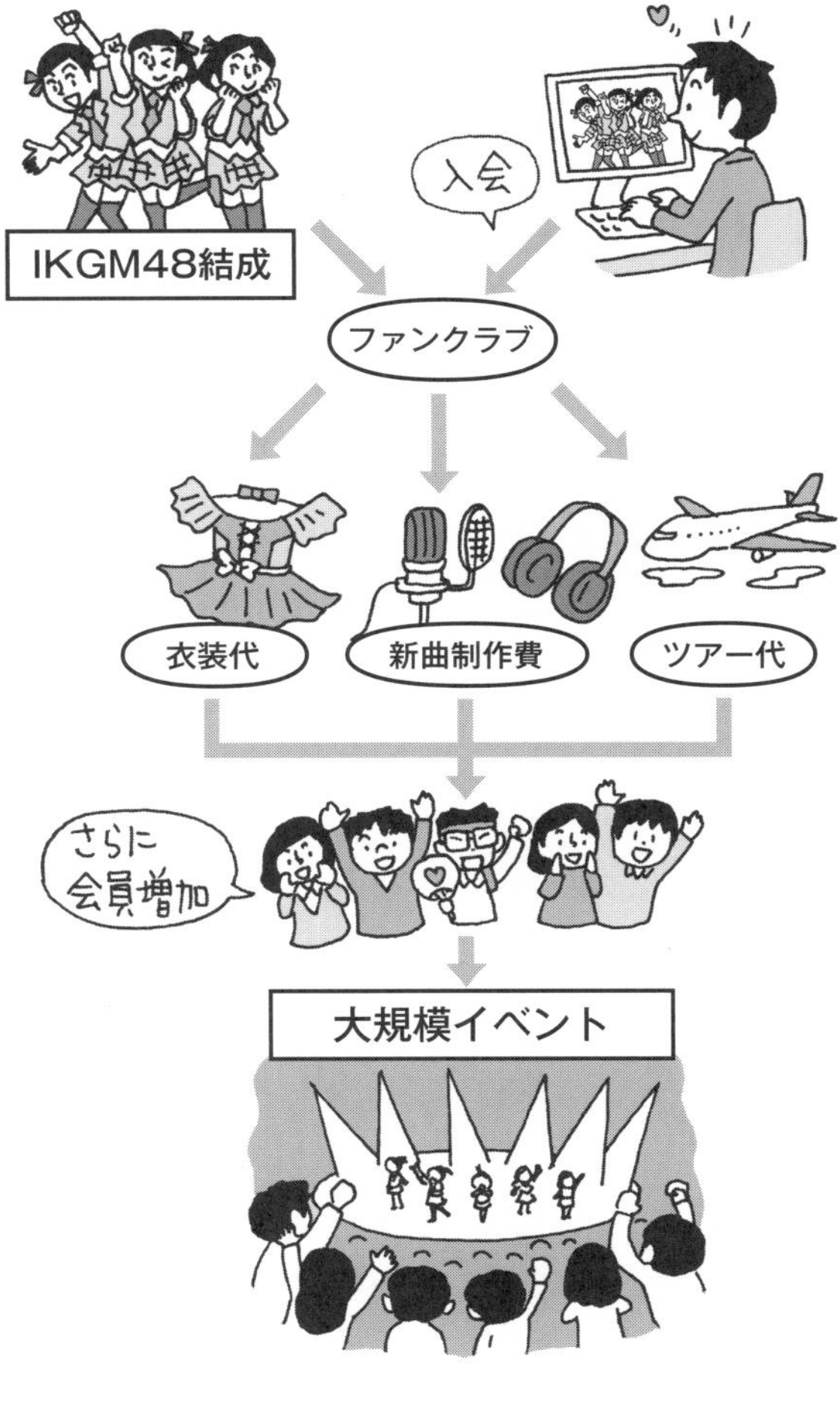

ーなら缶ジュースの詰め合わせを、テーマパークならそのテーマパークの年間パスポート券を、会社によってはお米やレストランの食事券を送ってきたりと、株主優待の中身はいろいろです。ずっとわが社を応援してくださいということで、こういう制度が作られました。

一つ気を付けなければいけないのは、株を買ってもその会社が倒産してしまったら損してしまいます。株を買うことにはリスクもあることを忘れないでください。

◉日経平均株価は全部の平均ではない！

株のニュースに必ず登場する日経平均株価。「平均株価」というので日本の会社全部の平均だと思っていませんでしたか？

それは誤解です。証券取引所で自社の株式の売り買いができるようになることを上場といい、上場した大企業約2200社（一部上場企業）のうちの225社の株価をもとに計算したのが日経平均株価です。全業種から売買高の多い銘柄《めいがら》（上場企業の会社名のこと）をバランスよく選んで、しかも年に1回、銘柄の見直しを行っています。

ダウ平均30社のリスト

アップル	アメリカン・エキスプレス	ボーイング
キャタピラー	シスコシステムズ	シェブロン
ウォルト・ディズニー・カンパニー	ダウ	ゴールドマン・サックス
ホーム・デポ	IBM	インテル
ジョンソン・エンド・ジョンソン	JPモルガン・チェース	コカ・コーラ
マクドナルド	3M	メルク
マイクロソフト	ナイキ	アムジェン
プロクター・アンド・ギャンブル	ハネウェル・インターナショナル	トラベラーズ
ユナイテッドヘルス	ビザ	ベライゾン・コミュニケーションズ
ウォルグリーン・ブーツ・アライアンス	ウォルマート	セールスフォース・ドットコム

出典：S&Pダウ・ジョーンズ・インデックス
2021年10月13日現在

ちなみに「日経」とは日本経済新聞社の略。日本経済の略ではありませんから念のため。日経平均株価は、日本経済新聞社が計算している数字です。

アメリカにも日経平均株価と同じような株価の指標があります。ダウ平均といって、これも必ずと言っていいほど株のニュースに出てきます。

日本よりも会社の数は多いのに（上場企業約５２００社）、ダウ平均が計算しているのは30社だけです。そのリストを眺めると、誰もが一度は聞いたことのある世界的に有名な会社がズラリ。この30社の平均でアメリカ経済の調子が判断されているのです。

でも、アメリカの株なのに、なぜいちいち日本のニュースで取り上げるのでしょう。「日本経済に関係しているから」くらいは何となくわかると思いますが、全体としてはこういうことです。

次のページのイラストを見てください。

アメリカのダウ平均株価が下がりました。株価が下がったということは、景気が悪くなりそうだということです。

そこで人々は考えます。

ダウ平均が日経平均に与える影響

「どうやらアメリカの景気が悪化しそうだ。となると、日本から自動車を輸出しても売れなくなるのではないか。日本の企業にも大きな影響があるのではないか」

そして、いずれ日本の企業が損をして日経平均株価は下がるだろうと予想するわけです。

実際、朝から日経平均株価が下がっているときは、前の日にニューヨークの証券取引所で株価が下がっていることがよくあります。

しかし常識的に考えて、株価が少し下がったくらいでアメリカ経済が急に落ち込んだりするはずがありません。でも、株を売り買いしている投資家たちは常に先々を予想して行動するので、「アメリカの株が下がった。じゃあ、日本の株も下がるな。それなら下がる前に売ってしまおう」と考えて株を売り、その結果、本当に日経平均株価が下がってしまうのです。

第2章

20歳の自分に教えたい

◉投資について基礎の基礎から解説

日本人はこれまでお金は銀行に預ける人が多く、それが長年の習慣になっていました。しかし近年、投資を考える人が増えています。

投資とは、将来のお金を増やすために現在の資本（お金）を投じることです。最近は投資をする若者が増えているというデータもあり、2022年度からは高校の家庭科で投資の基礎を教える授業が始まります。家計管理の視点から、自分のお金をどうやって運用するかを日本でも教えるべきだということで、投資についても扱うことになりました。

投資というと「失敗すると痛い目に遭う」「安易に手を出すのは怖い」といったマイナスイメージを持っている人も多いと思います。それはその通りなのですが、一方、投資によってそれなりに（中にはものすごく）お金を増やしている人がいることも事実です。

投資でお金を増やしたいと思ったら、正しい知識を持つことが大前提になります。

投資をしている若者

	20代				30代			
2015年	男性	30.6%	女性	12.3%	男性	35.3%	女性	19.7%
2020年	男性	42.9%	女性	23.7%	男性	51.4%	女性	32.6%

出典：フィデリティ・インスティテュート　退職・投資教育研究所

投資といっても株、不動産投資、投資信託、NISA《ニーサ》、iDeCo《イデコ》、FXなどいろいろありますが、それぞれどんな仕組みで何が違うのか、あなたは理解していますか。

いよいよ高校の授業でも学ぶことになる投資について、まだやっていない人にもわかるように基礎の基礎から解説します。

◉株でお金が増える仕組み

数ある投資の中でも一番有名なのは、何といっても株です。では、株に投資するとどうしてお金が増えるのでしょうか。

その仕組みは極めてシンプルです。ある会社の売り上げが伸びて大きな利益が出そうだということになれば、その会社の株を買う人が増えて株の値段は上がります。逆に、経営に失敗して赤字に転落しそうだと多くの人が思えば、株は売られて株価は下がります。会社の業績は良くなったり悪くなったりの波がありますから、株価が下がったときに買って、上がったときに売れば、その差額が儲けになるわけです。

企業ごとの株の値段である株価は毎日変動しており、この株価の動きを見て上手に売り買いすればお金が増えるのです。

但し、いつもうまくいくとは限りません。これから株価が上がると思って買ったのに、予想が外れて下がることもあります。買ったときよりも安い値段で売れば、儲かるどころか損してしまいます。

株の売買にはいろいろなルールがあることも知っておきましょう。

株はいつでも売り買いできるわけではなく、取引ができるのは取引市場が開いている間だけです。日本の場合、原則として午前9時から午後3時までと決まっています(昼休憩あり)。

また、値段が下がったから早く売りたいと思っても、買ってくれる人がいなければ売れません。買い手を探しているうちに値段が下落の一途をたどり、損失が膨《ふく》らむこともあります。見方を変えれば、「値下がりしているから」と株を売りに出して売れて

株でお金が増える仕組み

くれれば、それは誰かが買ってくれたということです。値下がりした局面で株を買って、これで儲けようと考えている人がいるということにもなりますね。

株の投資で儲けようと思ったら、やはり経済の勉強をして株価に影響を与えるいろいろな要因について知ることが大切です。さらに、その会社がどんな仕事をしていて、この先利益が出そうかどうかも調べる必要があります。そういうことを知らずに、ただ単に「良さそうだから」という理由で、会社の名前だけで買うのはとても危険です。

そのほか、株を持っていると特典が付

いてくることがあります。これについては第1章で説明しました。配当金と株主優待でしたね。特に、会社が毎年利益を出して順調に成長していると、株主は何年も続けて高い配当金を受け取ることができます。しかも、その場合株価は年々上がっていくので、高値が付いたところで売れば、安く買って高く売ったことになり、多額の売却益が手に入ります。これが株式投資の魅力です。

◉株は企業がお金を集める方法の一つ

そもそも株はお金を増やす手段ではなかったこと、覚えていますか？　ここで第1章のおさらいです。

Aさんたちは、これから新しい仕事を始めようと計画していますが、そのためのお金が不足しています。そこで「皆さんにお金を出していただければ、そのお金で工場を建て、従業員を雇い、新製品を売り出すことができます。お金を出していただけませんか」と呼びかけました。この呼びかけに応えてお金を出そうという人に、お金を出してくれた証拠として発行するのが株、正確には株式です。そうやって株を発行することによって成り立っている会社を株式会社といいます。

中には株式会社でない会社もありますよね。株式会社と名乗っている会社は、株を発行している会社です。

このように株は企業がお金を集める手段であり、株を発行する会社は株式会社、株を持っている人は株主と呼ばれます。株をたくさん持っていれば、その会社の人事や経営方針などに影響力を及ぼすこともできます。この仕組みを利用して儲けようというのが株式投資です。

ちなみに、経済ニュースによく出てくる企業買収は、その会社が発行している株を買い取ることです。たとえば発行済み株式の過半数（50％を超える株）を買い取れば、取締役を選んだり解任したりできるようになり、その会社の大株主として経営に関与できます。これが会社を買収するということです。

●投資信託のこと、ちゃんと理解している？

次に投資信託を取り上げます。

投資信託は英語でファンドといい、プロに任せて運用（売り買い）するというものです。

個人で株式投資をしようとしても、どの株がいいのか迷うことが多く、正確な知識や必要な知識を手に入れるのは結構大変です。そこで、どうせならその道のプロに任せようと考える人が出てきました。ファンドマネージャーと称するプロにお金を預けて運用してもらうのです。

投資のプロはそのお金で見込みのありそうな会社の株を選んで買い、それらを運用して利益が出たらお金を預けてくれた人に分配金として支払います。

一人ひとりが投資するお金は少額でも、何千人、何万人がお金を出せば、何百億円ものお金を集めることができます。その何百億円で一挙にいろいろな会社の株を買って、利益を上げようというわけです。実際に利益が出たら、それを分配金という形で還元する。これが投資信託です。

投資信託の仕組み

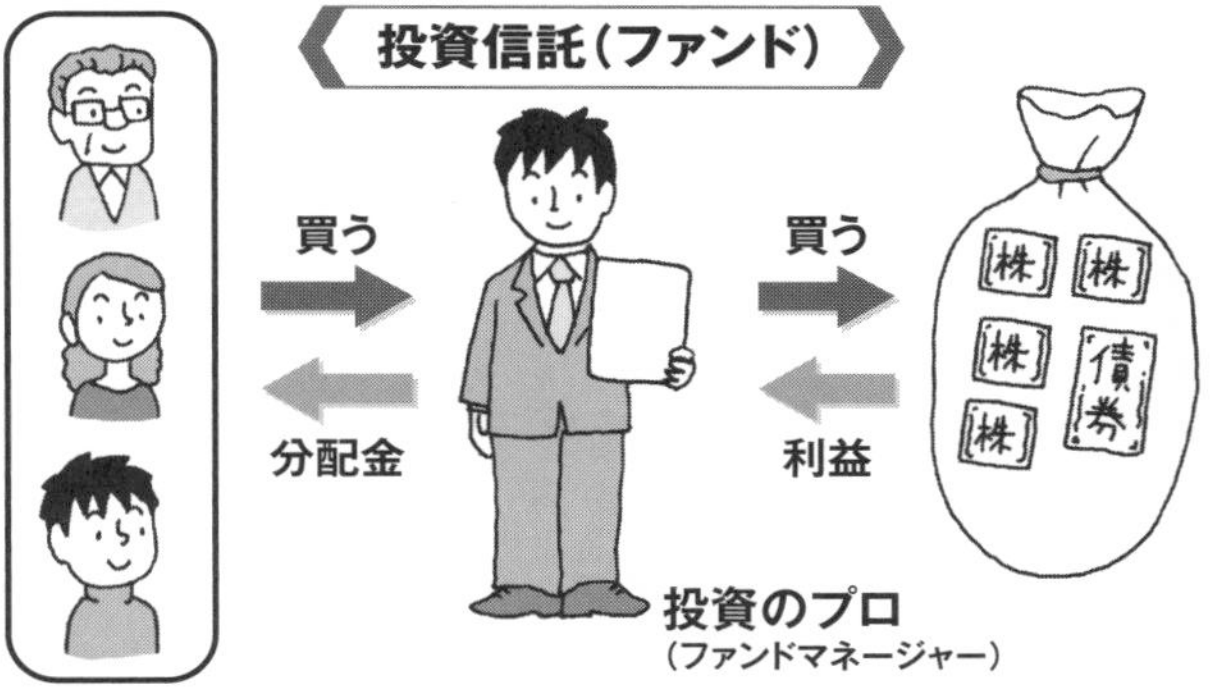

投資信託は 個人が出すお金は少額でも可能

◉プロに任せる投資信託はどんなもの？

難しいのは投資信託をどういう基準で選ぶかです。投資信託にもいろいろなタイプがあり、商品ごとに投資先が違います。IT企業の株を中心に運用する投資信託もあれば、主に不動産会社に投資する投資信託もあります。それぞれ特徴をよく知った上で、その中から自分で気に入ったものを選ぶことが大事です。

投資信託は、儲けを追求するのはもちろんですが、できるだけ損失を出さないように工夫しています。一つの会社だけに投資すると、その会社が倒産した場合などのリスクが大きいため、複数の会社の株に分けて投資するのが一般的です。そのため、投資のプロは株だけでなく債券に投資することもあります。

債券とは、借金の証明書のようなもの。借金という形でお金を出してもらい、その時に発行するのが債券です。債券を発行した方は、受け取ったお金でいろいろな仕事をして、後で利子を付けて返します。お金を出した側、すなわち債券に投資した方は、それを3年、5年、10年とずっと持っていれば、定期的に利息を受け取ることができ、さらに満期がきたときに元本《がんぽん》（元々のお金）に利息が付いて戻ってきます。

債券の代表的なものが国債です。これは国が借金をするときに発行し、何年後に利子を付けて返すというものなので、利子の分が儲けになるわけです。

こうしてみると、個人で株に投資するより投資信託のほうが安全のように見えますが、メリットばかりではありません。当たり前ですが、デメリットもあります。プロに任せる以上、手数料がかかるのです。

一般論で言えば、腕のいいプロのいるところは手数料も高くなります。逆に、手数

投資のプロの運用法

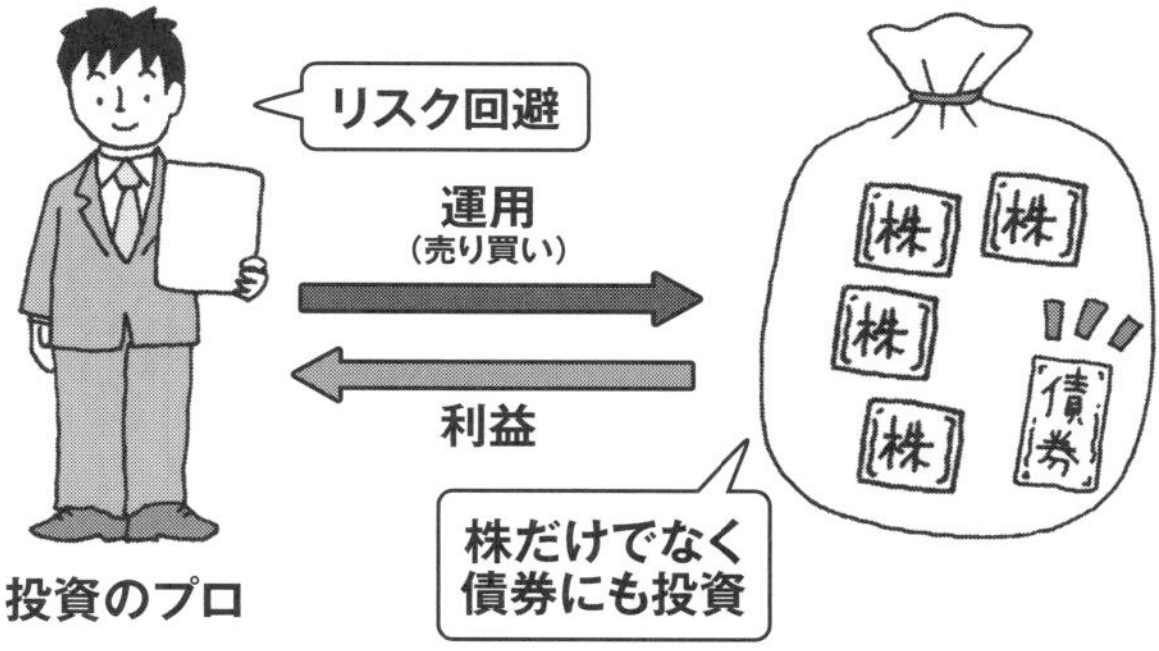

債券とは

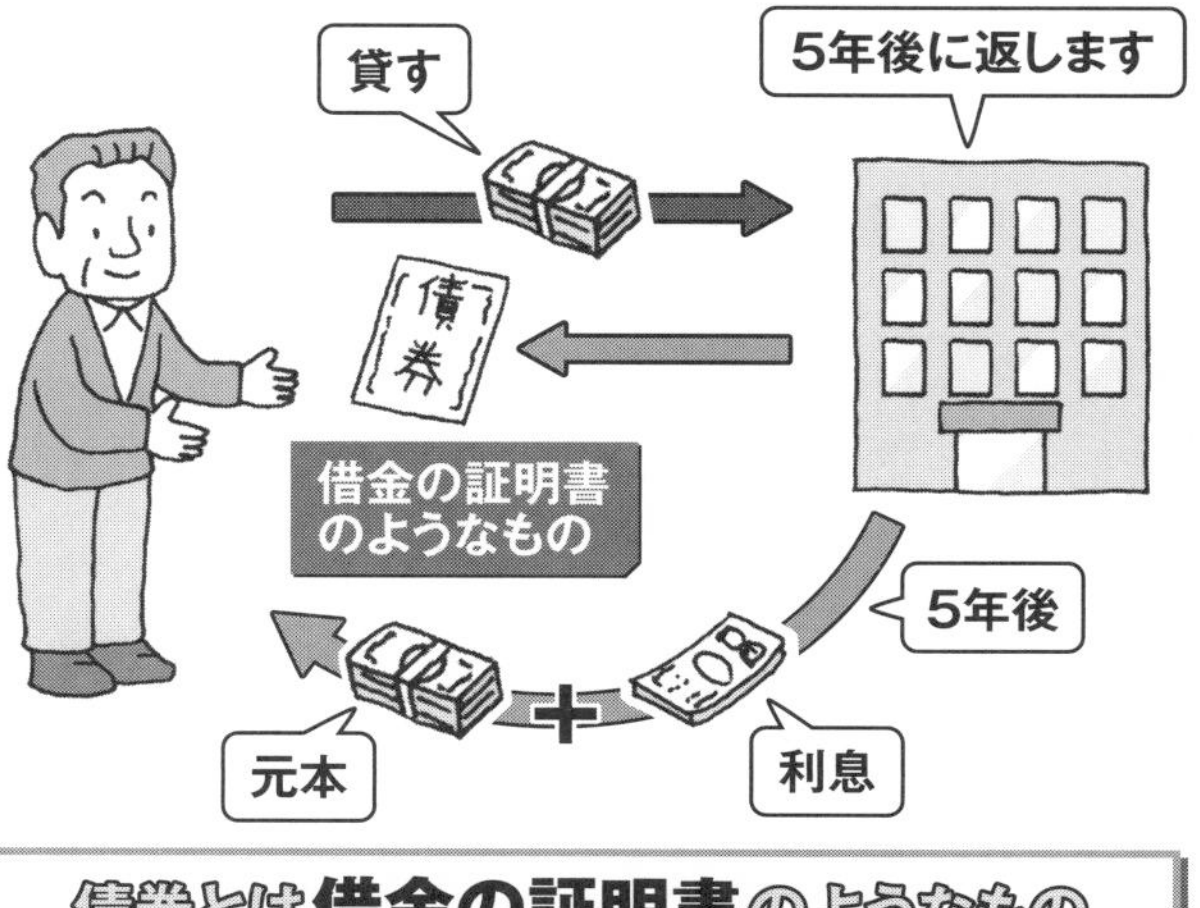

債券とは借金の証明書のようなもの

料が安いことを宣伝文句にしてたくさんお金を集めるところもあります。

またプロも人間ですから、時には判断を間違えることもあります。預けたお金が減ることもあると知っておきましょう。

●N《ニ》I《ー》S《サ》Aは経済活性化のために始まった⁉

続いてはＮＩＳＡ。実はこれ、投資でもあり、制度の名前でもあるのです。

株や投資信託で儲けが出ると、その利益の20・315％（0・315％は復興特別所得税）が税金で引かれます。ところが、ＮＩＳＡは得た利益が非課税となり、税金がかかりません。1年間の投資額が120万円以下なら5年間非課税と決まっています。

ＮＩＳＡというユニークな名前が付いていますが、その中身は基本的に株や投資信託と同じです。ただ、投資できる金額に限度があり、その代わり税金がかかりませんよ、というのがＮＩＳＡです。

このＮＩＳＡは経済活性化のため、ある政策の一環で２０１４年に始まったのですが、何かわかりますか。

NISA（ニーサ）

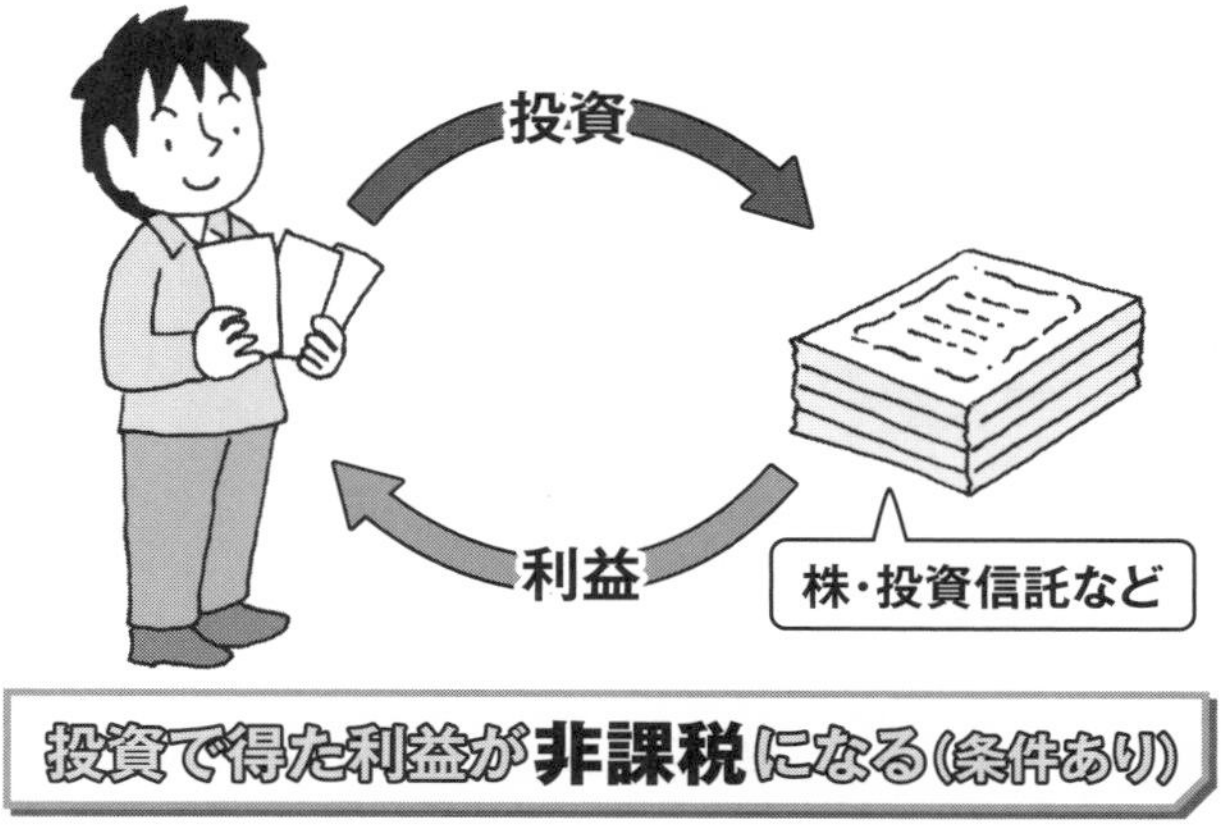
投資
利益
株・投資信託など
投資で得た利益が**非課税**になる（条件あり）

２０１４年に始まったということは、その前の年に何かあったということです。そう、アベノミクスですね。

アベノミクスとは、当時の安倍総理が打ち出した経済を活性化しようという政策のこと。キーワードは「３本の矢」、具体的には①金融緩和、②財政出動、③成長戦略です。このうち３本目の矢である成長戦略の中の一つの政策がＮＩＳＡです。

投資をするということは、自分の儲けの追求にとどまらず、株式会社の株を買ってその会社を応援することでもあります。投資が増えれば、投資した人も儲かり、会社も事業がやりやすくなります。結果的に日本経済が豊かになっていく。みんなが儲かってお金を使い、企業の活動が活発になれば、当然景気が良くなるだろうということで、多くの人が気軽に投資できるような制度としてＮＩＳＡを作ったのです。

◉株や投資信託などはどこで買えるのか？

ところで、株や投資信託、ＮＩＳＡはどこで買えばいいのでしょうか。

株式市場では株の売り買いをやっていますが、一般の人はそこでは買えません。株式市場は、たとえて言うなら卸売市場のようなもの。魚や野菜の卸売市場に行っても私たちは注文できませんよね。卸売市場で買った魚屋さんや八百屋さんが個別に売り出し、私たちはお店に行ってそれを買うわけです。株の場合、この魚屋さんや八百屋さんにあたるのが証券会社です。

証券会社は証券取引所で売り買いし、私たちはその証券会社に対して売買の注文を出します。基本的に、株は証券会社を通じて売ったり買ったりするものです。今ではネット専業の証券会社もできて、とても便利になりました。

株式市場と卸売市場はよく似ている

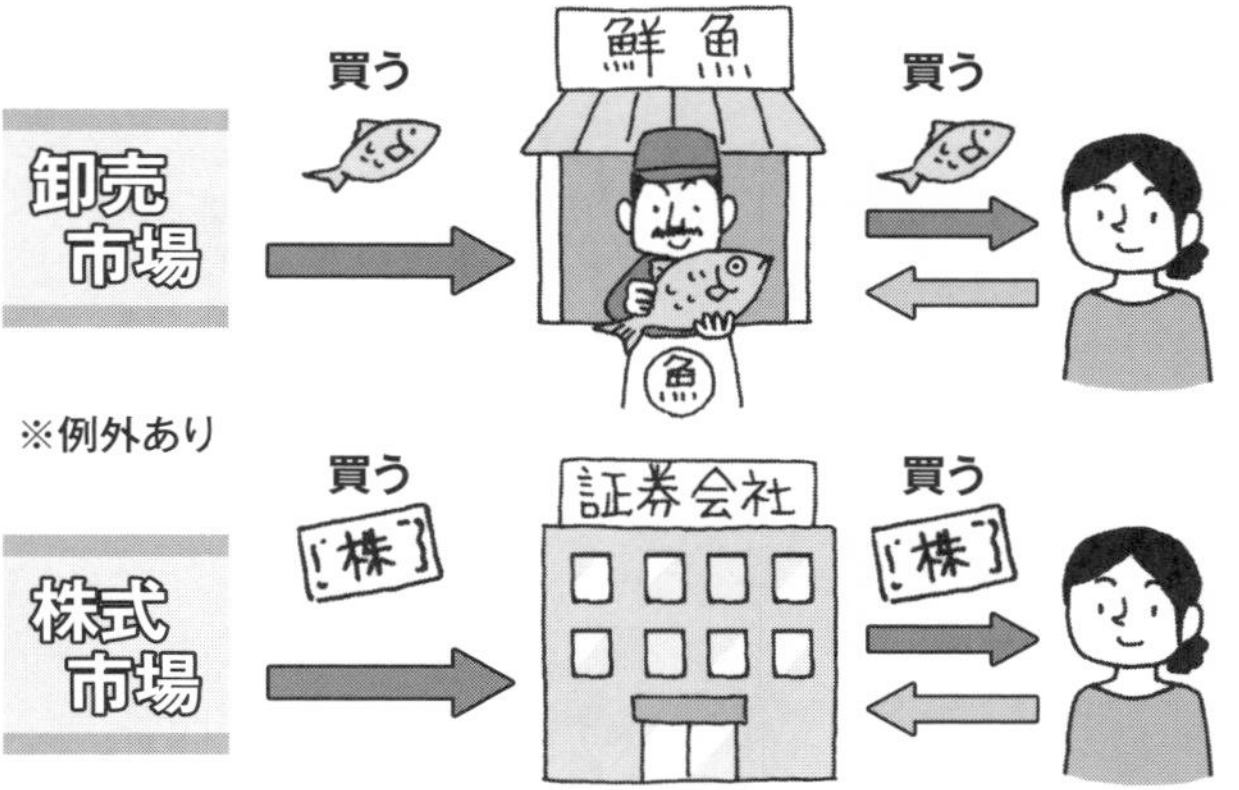

株・投資信託・NISAを買う

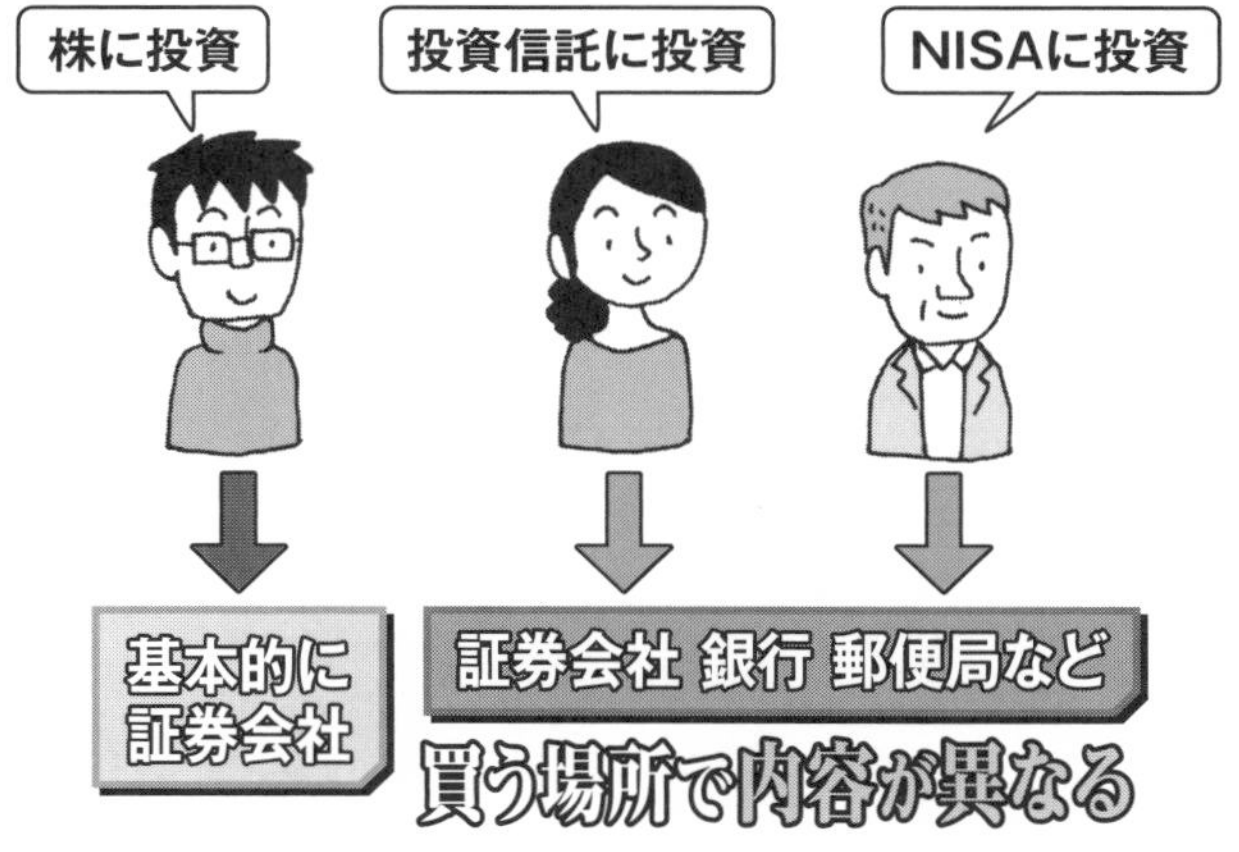

投資信託やＮＩＳＡは、証券会社だけでなく銀行や郵便局でも買うことができます。さらに、投資信託やＮＩＳＡは証券会社、銀行、郵便局によって内容が違うことも多いのです。

証券会社に口座さえ開けば、あなたもすぐに株取引を始められます。株を買いたいと思っても、通常は１００株単位でないと買えないのですが、最近は１株でも買える証券会社が増えてきました。

手元資金の少ない人にとって１株から買えるのは大きなメリットです。相当安い値段で買えるということですから。しかし、安い値段で買うということは、配当金もそんなにもらえないので儲けも少なくなります。言うまでもなく、たくさん買えば買うほどもらえる配当金も増えます。逆にリスクも高まりますが。

●コロナ禍でも株価は上昇した

株に関連して必ず出てくる言葉が日経平均株価です。第１章で説明したように、これは一部上場企業約２２００社のうち日本を代表する２２５社の平均株価を計算したものです。株を売買している東京証券取引所には一部、二部、マザーズ、JASDAQ《ジャスダック》の四つの市場があり、大企業は一部に上場しています。その中から選び出された225社は、いずれも日本を代表するような企業です。

ここで新しい動きにふれておくと、現在、東京証券取引所で組織の再編が検討されています。これまでの4区分が見直され、2022年4月4日からプライム、スタンダード、グロースという三つの市場に整理されます。プライムは従来の一部よりも基準が厳しくなるため、ここに上場する企業の数は今より少なくなるのではないか、といわれています。

その場合、日経平均株価がどうなるのか気がかりですが、日経平均株価は元々日本有数の企業を選んでいるので、225社はそのままプライムに残り、そんなに影響は出ないと考えられます。

さて、その日経平均株価ですが、普通、ニュースの最後に「今日の日経平均株価の終値《おわりね》は……」などと報じられます。株価が毎日ニュースになるのは、景気が良くなる少し前から上がり始めることが多く、景気の目安になるからです。そして株価の変動は日本経済にも大きな影響を与えます。

株を持っているのは個人だけではなく、企業も他の会社の株を持っています。持っている会社の株価が上がれば、その企業の利益は増えます。ということは、株価が上がれば、それにより儲かる企業がたくさん出てきて、景気は良くなるはずです。逆に、株価が下がれば景気は悪くなるでしょう。

このように、景気が良く（悪く）なりそうだということを多くの人に知らせるため、毎日のニュースで日経平均株価の動きを伝えているのです。

その一方、コロナ禍では不思議なことが起きています。経済活動は大きく落ち込んだのに、２０２０年夏ごろから日経平均株価が上がり始めました。年末には約30年ぶりにバブル後最高値を更新し、年が明けても上昇傾向が続いて２０２１年2月にはとうとう3万円を超えてしまいました。

不景気なのに日経平均株価が大幅に上がるという不思議な現象でした。どうしてこういうことが起きたかというと、２０２０年には景気はどん底まで悪化しましたが、翌年ワクチン接種が始まれば、感染は収束し、経済も回復して景気が良くなるだろう

ニュースの終わりに日経平均株価

と思っている人が多かったからです。いずれ株価は上がるから今のうちに買っておこうと考え、みんなが買った結果、実際に株価が上がったのです。もっとも、2021年の夏になっても一向に感染は収束せず、8月時点で株価は2万7千円台まで下がってしまいました。

もう一つの理由として、日本銀行がデフレ脱却のために株を買い続けていることが挙げられます。これもアベノミクスの一環です。日銀が株を買っていることを知っている人は、株価が少々下がることはあっても、大きく下がることは絶対ないと思っています。株価が少し下がると日銀が株を買ってくれるからです。下がる心配がないのでみんな安心して買うわけです。

◉FXとはどんなもの？　株とは何が違う？

ＦＸは株や投資信託とは全く違うものです。第1章の外国為替のところで1ドル＝100円、1ドル＝90円などと書きました。これを為替レートといいます。為替は通貨を交換することでしたね。この為替レートの変動を利用した投資がＦＸです。

1ドル＝100円のときに1ドルを買い、1ドル＝110円になったときにそのドルを売れば10円儲かります。これがもし1ドルではなく1000ドルだったら千円儲かり、1万ドルだったら10万円儲かるわけです。

為替レートは時々刻々と変動するので、その動きを見ながら売ったり買ったりして利益を上げようという取引、これがＦＸです。

ＦＸはドル以外にもユーロなど多くの外国通貨で行うことができます。証券会社や銀行などで申し込みができ、口座を開けば始めることができますが、ドルなどの外国通貨が上がるか下がるかは、基本的に自分で判断する必要があります。

ところが、この判断が非常に難しいのです。「イギリスのＥＵ離脱でＥＵの力が弱まり、ユーロは値下がりするだろう」とか、「バイデン大統領の政権運営が軌道に乗り、アメリカ国内の混乱も収まってドルは上がるだろう」とか、為替レートに影響を与える要因はいろいろ考えられます。国際情勢や国際経済、日本経済を熟知していないと為替レートの変化を予測できず、ＦＸで儲けるのは簡単ではないといわれています。

そんなＦＸには大きな特徴があります。それが24時間取引できることです。日本の株取引が午前9時から午後3時までなのに対し、外国為替取引は世界中で常に行われています。それに合わせてＦＸも24時間いつでも取引できるというのが大きな特徴です。会社員の中には、家に帰ってきてから深夜にＦＸをやっている人がいるそうです。

また、これはメリットでもありデメリットでもあるのですが、最大25倍までの取引ができます。1万円の元手で25万円の取引ができるのです。うまくいけば、少ない金額で始めて大きな利益を出すことが可能です。その代わり、25万円がちょっと下がって24万円になった瞬間、元手の1万円はすっかりなくなってしまいます。

FXで儲ける仕組み

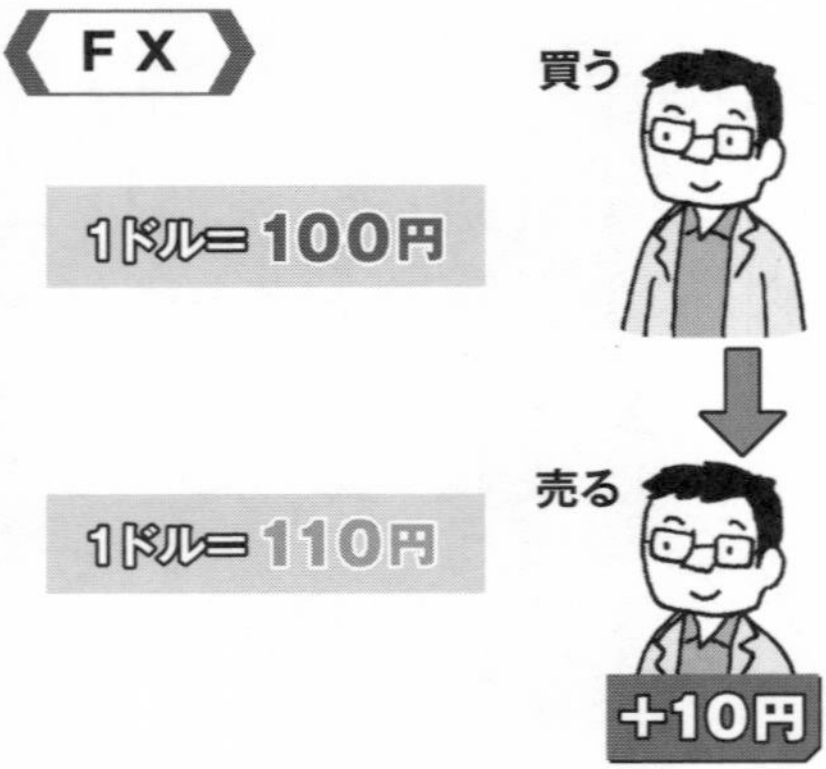

FXの特徴

これがハイリスク・ハイリターンの世界で、当たれば大儲けできますが、失敗すると大損することになり、投資の初心者がやるものではありません。

●iDeCo《イデコ》は年金投資

次はiDeCoについて。不思議な名前が付いていますが、日本語でいうと個人型確定拠出年金です。

要するに年金投資のこと。若いうちからコツコツ積み立てていけば、60歳になってから年金として受け取れるというものです。将来いくらもらえるかはわかりませんが、少なくとも総額でいくら払ったかはわかります。

国民年金は毎月支払う金額が決まっていて、老後にもらえる金額も決まっています（但し、加入期間や経済動向などによって変わります）。しかし、iDeCoはどのくらいお金を払って、それをどうやって増やすのかを自分で決められるのです。投資額や投資方法を決めるのはあなた自身、ということです。

これまでの制度では、会社員や公務員の場合、1階部分に国民年金（基礎年金）、そ

iDeCo（イデコ）と国民年金

の上の2階部分に厚生年金があるというように、年金は2階建てになっていました。自営業やフリーランスの人は2階部分がなく、国民年金だけです。当然のことながら、会社員や公務員に比べて年金受給額は少なくなります。

ｉＤｅＣｏができたのは、これでは不十分だという人が、自分で3階部分（自営業者などは2階部分）を作れるようにするためです。これをやっておけば、60歳以降になってからもらえる金額が増えて、老後の備えがより確実になると考えられたのです。このｉＤｅＣｏも証券会社や銀行などで申し込むことができます。

年金の仕組み

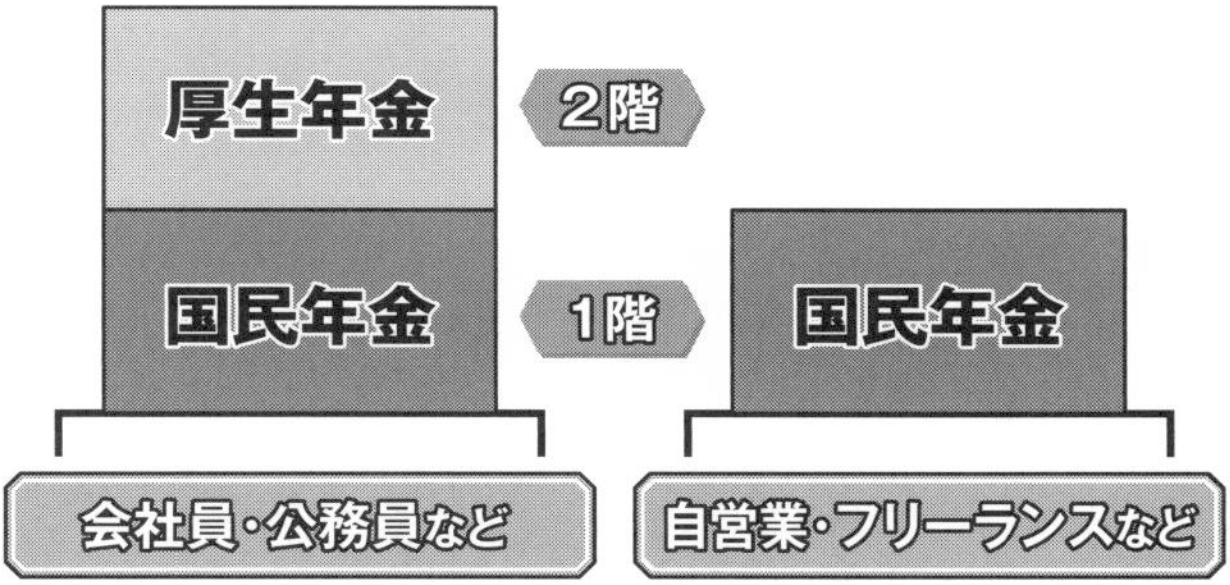

3階建てと2階建て

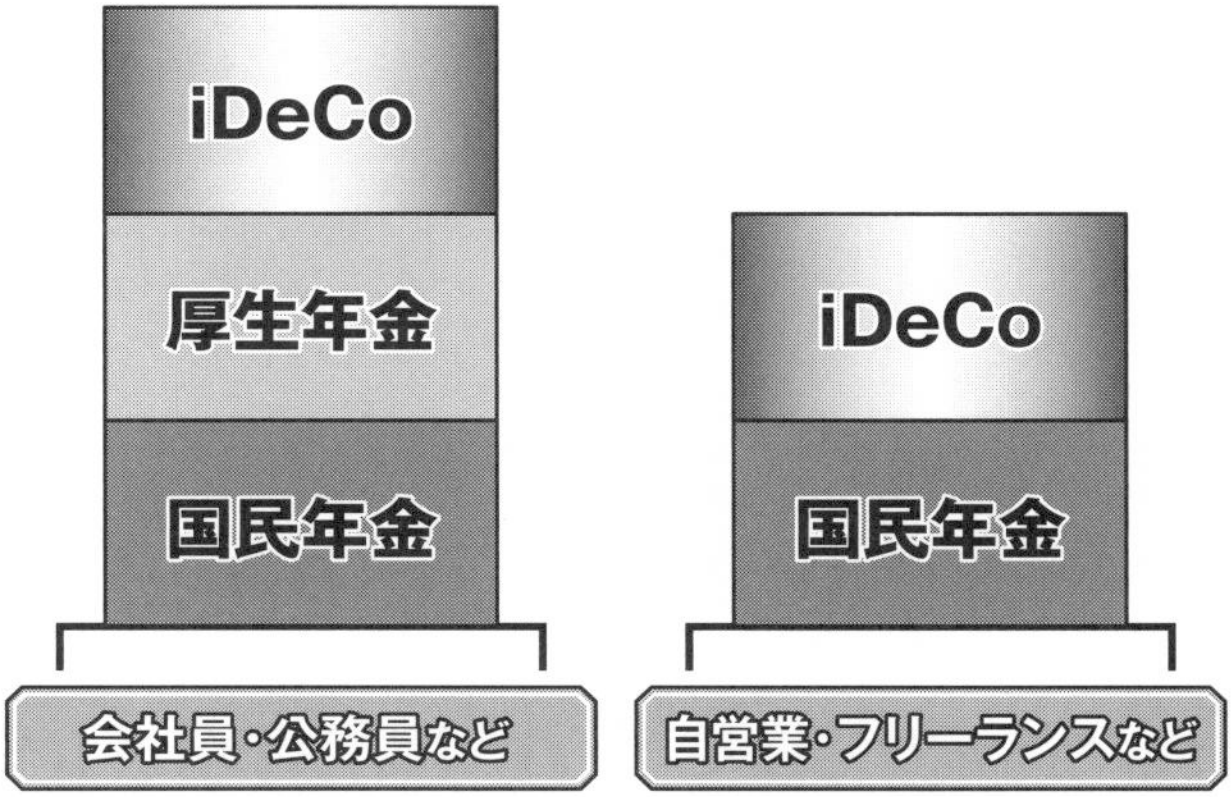

iDeCoは国や会社の年金にプラスするもの

そして、ｉＤｅＣｏの大きなメリットといわれているのが、所得税や住民税の控除の対象になること。税金の計算をするときは、所得から社会保険料控除（年金の保険料や健康保険料などを差し引くこと）をはじめ様々な控除を行った上で税率を掛けて計算しますが、ｉＤｅＣｏに投資した金額も控除できます。さらに、ｉＤｅＣｏで運用して増えた利益については非課税となります。そうやって税金が安くなるようにして、大勢の人に入ってもらおうとしたわけです。

とはいえ、ｉＤｅＣｏも投資であることに変わりはありません。投資信託で運用して投資した以上の利益が出れば、将来もらえる年金額は増えますが、運用に失敗すれば思ったほどもらえないということになります。

●今どきの不動産投資はどんなもの？

投資にはこれ以外の方法もあります。最後に不動産投資を取り上げます。

これは、アパートやマンションを丸ごと買うか、あるいは自分で建てて、その家賃収入を得るというものです。

定期的に家賃収入が入ってくるのは魅力的ですが、物件を管理するのは結構気を遣う仕事です。入居者が出た後、次の入居者がすぐ決まらなかったり、空き室が増えたりすると、家賃収入が減って困ったことになります。入居者がトラブルを起こすこともあり、そんな時は大家さんが仲裁しなければいけないので面倒です。

そもそも個人で不動産を手に入れるのは、金額が大きいだけになかなか大変です。そこで、物件を丸ごと買わないで、不動産の一部分だけに投資するという仕組みがあります。これがＲＥＩＴ《リート》と呼ばれるもので、お金も少額で済み、より手軽にできます。ざっくり言うと、投資信託の不動産バージョンといったところでしょうか。

ＲＥＩＴでは、物件の維持・管理は運営会社などが行い、大勢の人からお金を集めてマンション、オフィスビル、ホテル、商業施設（ショッピングセンター）などを買って、その家賃収入で利益が上がったら投資割合に応じて配当金として分配します。

家賃の集金や入居者のトラブルへの対処は運営会社が行うので、お金を出す人は面倒なことをしなくていいというメリットがあります。

一人ひとりは高いお金を払わなくても、投資する人が多ければ、マンションやショ

不動産投資

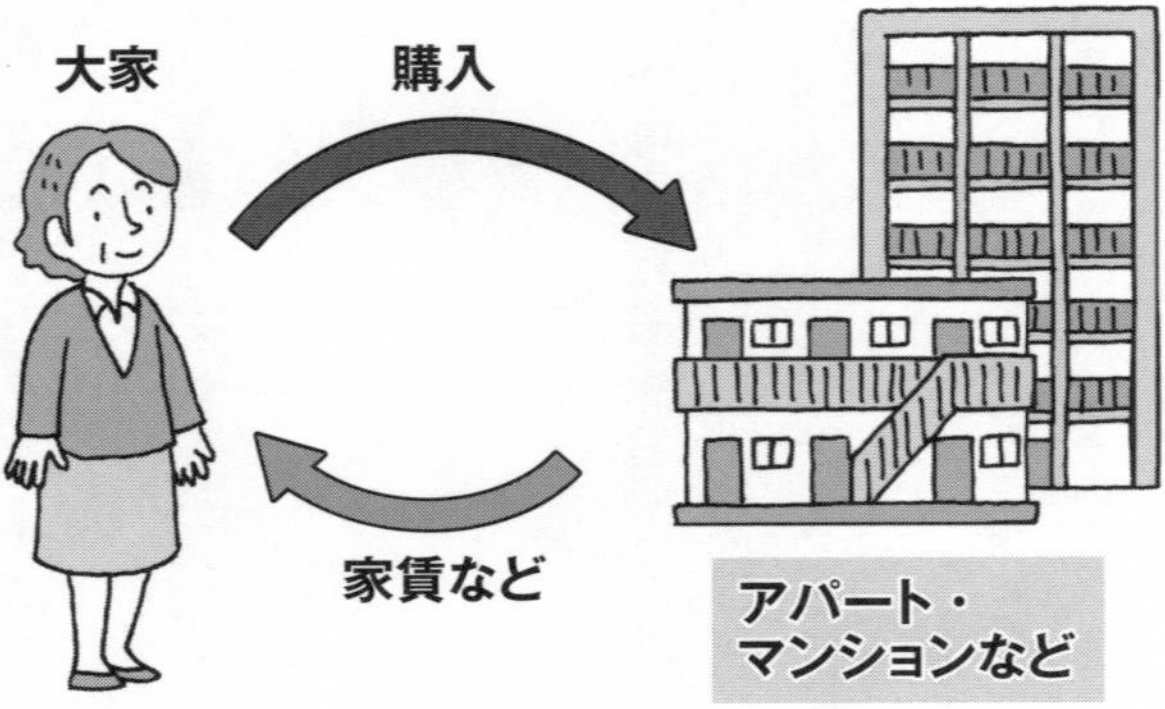

REIT（リート）

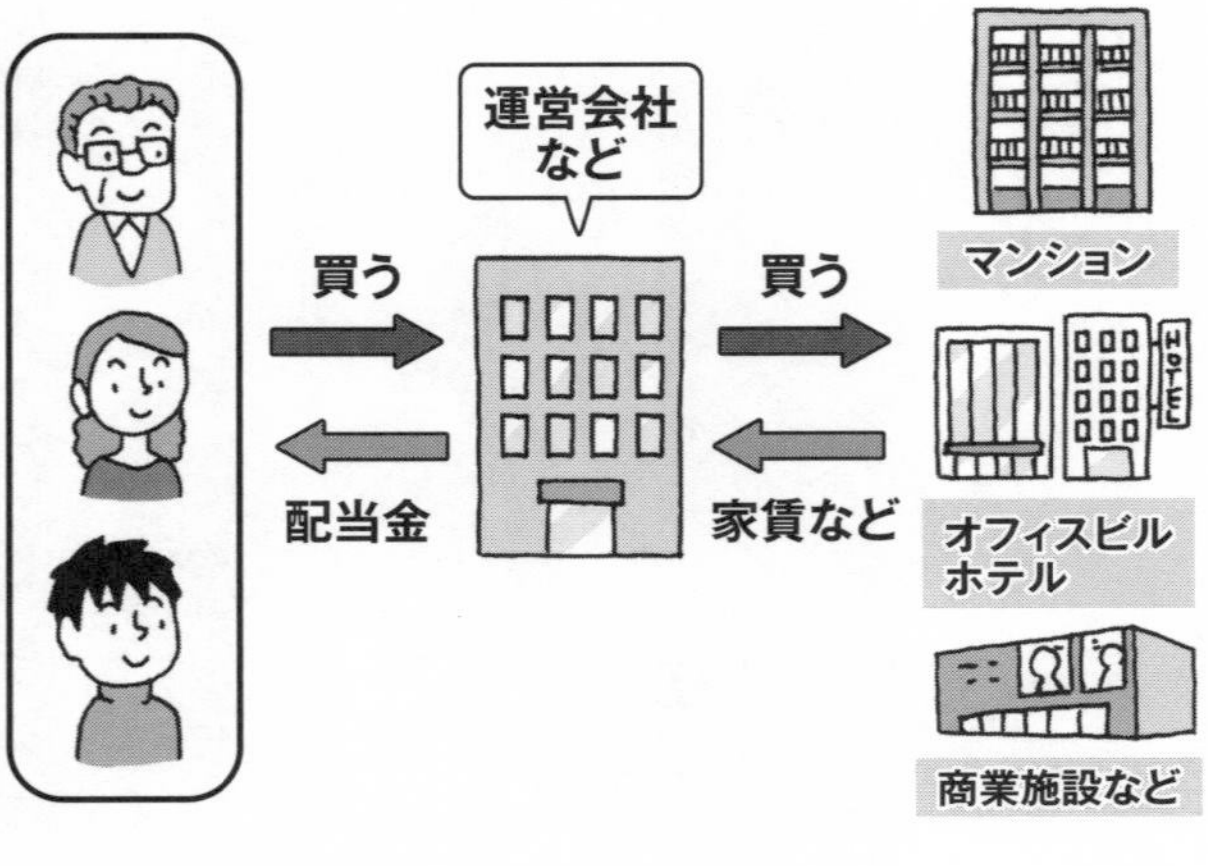

ッピングセンターを丸ごと買うこともできるわけです。

本章で紹介したいろいろな投資は、儲かることもあれば損することもあります。経済動向や国際情勢のことを学んで、日々のニュースにも敏感になっていれば、投資を行う上で有利になる、ということは言えます。それでも必ず儲かる保証はありません。

ここまでの私の解説はあくまで基礎の基礎の話です。投資をやってみたい人は、ここから先は自分で調べて、リスクについてもよく考えた上で自己責任で行ってください。

第3章

20歳の自分に教えたい

●納税は国民の三大義務の一つ

いきなりですが、日本国憲法が定める国民の三大義務は何でしょう？　中学「公民」の授業を思い出してください。答えは、教育（第26条「子女に普通教育を受けさせる義務」）、勤労（第27条）、納税（第30条）です。

第3章では、このうちの納税を取り上げます。私たちは一生でどれだけ税金を払うのか、仕事をして稼いだお金の何割ぐらいが税金や納めるべき保険料になるのか。その数字を知ると、きっとあなたもいろいろ考えたくなるはずです。

税金と聞いてすぐ思い浮かぶのは、所得税、住民税、消費税、酒税、たばこ税など。ほかにもいろいろな名称の税金があります。税金は安いに越したことはありませんが、私たちの社会を維持するにはそれなりのお金が必要です。憲法で納税が国民の義務とされているのもそのためです。

でも、人が一生でどれくらい税金を払うのかなんて、ふだんあまり考えたことありませんよね。また、私たちの身の回りで税金がどれくらい使われているのかについても、意外と知らないものです。

税金のことをわかっているという人も、わからない人も、ここでちょっと考えてみませんか。

◉家、タバコ、ビール。一生で払う税金はいくら？

社会人になって収入が安定してくると、マイホームが欲しくなる人も出てきます。賃貸住宅に住んでいる限り税金はかかりませんが、家（マンション、戸建て）を買った場合、家は持っているだけで税金がかかります。それが土地と家屋にかかる固定資産税です。

東京に家を買って60年住むと一体いくら税金がかかるのか。一定の条件で計算したところ、約１０２０万円という結果になりました（86ページの図参照）。かなり大きな金額です。

最近はタバコの煙が有害ということで、よく家の玄関の前やベランダでタバコを吸っている人を見かけます。家の中で吸うと家族に迷惑がかかるからでしょう。タバコ

家の税金、一生でどれくらい払う？

※東京都世田谷区で
土地4000万円
家屋2000万円を購入
親から700万円の非課税贈与を
受けた場合

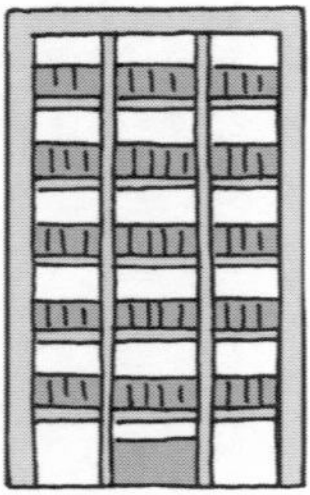

※2020年11月
時点の税制
が続く場合

東京で家を買う　60年居住

税金　約1020万円

「池上彰のニュースそうだったのか!!」番組試算による

は身体に悪いとわかっていても、好きな人はやめられない（やめたくない？）ようです。中には「タバコが吸えたら長生きしなくてもいい」と言う人もいるほどです。

ところで、タバコは値段の半分ぐらいが税金だと知っていましたか？

540円のタバコを毎日1箱、60年間吸い続けたとすると、払う税金は約620万円にもなります。

では、ビールはどうでしょうか。タバコは吸わないけどビールは好きという人は多いですよね。

ビールも40%ぐらいが税金です。50

タバコの税金、一生でどれくらい払う？

※2020年11月時点の
税率が続く場合

540円のタバコ　1日1箱×60年

税金　約 620万 円

ビールの税金、一生でいくら払う？

※2020年11月時点の
税率が続く場合

缶ビール500mℓ　1日1本×60年

税金　約 219万 円

0ミリリットル缶を1日1本、60年間飲み続けたとします。すると、この間に払う税金は219万円になります。

◉車は所有しているだけで税金がかかる

車は買うときに税金がかかるだけでなく、買った後も持っているだけで税金がかかります。

10年ごとに買い替えて生涯5台の車に乗ったとしたら、税金はいくらになるでしょうか。一定の条件で計算した結果、約313万円かかることがわかりました（89ページの図参照）。

図に示した通り、一口に車の税金といってもこんなに種類があるのです。このうち環境性能割は、自動車取得税が廃止されて新たに設けられたものです。車を買うときにかかる税金で、燃費のいい車ほど税率は低くなります。

車の税金が何種類もあるのは、もちろん理由があってのこと。自動車税以外の三つ（自動車重量税、自動車取得税〈現在は廃止〉、ガソリン税・石油ガス税）は、あるものを作る

車の税金

10年ごとに乗りかえ
生涯5台の車に乗った場合

自動車税	約156万円
自動車重量税	約45万円
環境性能割	約20万円
ガソリン税・石油ガス税	約92万円

※排気量1500cc以下、重量980kgの車
2020年11月時点の税制が続く場合

約313万円

ために導入されました。

あるものとは、道路です。

日本は戦後間もない頃は道路整備が不十分で、国道でさえまだ舗装《ほそう》されていないところがありました。そこで高度経済成長時代に、道路整備を行うと同時に新しい道路を作るため、車の所有者から税金を取ることにしたのです。

「受益者負担」という言葉があるように、道路を利用する人に税金を納めてもらい、そのお金で道路を作ろうということで、こういう仕組みができました。

おかげで、今では日本全土に道路網が張り巡らされ、道路の整備も進んでいます。それはいいのですが、今度は必要のない道路まで作られてしまい、税金の無駄遣いだという批判が噴出。これを受けて、現在は一般財源として、つまり道路以外のいろいろなことのためにも使われるようになっています。

本来、道路のための税金ですから、目的を達成したら廃止するのが筋ですが、そうはなりませんでした。車を持っている人たちが今も税金を払い続けているのはこのためです。

●古い車だとより多くの税金が⁉

車の税金は新しいか古いかによって金額が変わります。古い車のほうが税金が高くなるのです。

これはより環境性能の良い車への買い替えを促すためです。日本は排気ガスをあまり出さない地球に優しい車を増やすという方針の下、新車の登録から13年経過したら税率が上がる仕組みを導入しています。

しかし、長い間大切に使ってきたのに税金を上げるなんておかしいという議論もあります。実際、海外には長く乗り続けると税金が優遇される国が存在します。たとえばドイツです。ドイツにはこんな言葉があるんだとか。

「良い古い車は、良いウイスキーのようなもの」

ドイツでは、最初の登録から30年以上たった車は「ヒストリックナンバー」を交付され、自動車税、さらには保険も減額されるそうです。

◉一生で一番多く納めるのは何税？

次は、所得税、住民税、消費税についてです。社会に出て働くようになると、特に所得税、住民税の負担が重く感じられます。この三つ、それぞれ一生で払う税金はどれくらいでしょうか。

東京・世田谷区に住み、23歳、年収３００万円の入須太郎さんが、出世して65歳で定年退職し、90歳まで生きたと仮定して、一生で払う所得税、住民税、消費税の額をざっくり計算してみました（93ページの図参照）。

三つのうち一番多く払うのはどれだと思いますか。

少ないほうから見ていきましょう。第3位は所得税です。生涯で約１２６７万円払うことになります。

第2位が住民税で約1627万円です。所得税より住民税のほうが多いというのは、意外な感じがしますね。

所得は収入から必要経費を引いたもので、所得が多くなるほど税率は上がります。逆に所得税が非課税という人もいます。この場合、所得税がゼロでもかかる住民税があることは知っていますか。

これを「均等割」といいます。所得が多くても少なくても、その自治体に住んでいる以上はいろいろな行政サービスを受けているのだから、全員一律にこれだけの金額は納めてくださいというのが均等割です（但し、所得が一定の基準以下の人は住民税も非課税になります）。

第1位は消費税です。

その額は約2174万円。所得がない人でも買い物をすれば必ず払うわけですから、一生で考えると積み重ねで一番多く払っているのです。

一生で払う税金はいくらになるのか？（23〜90歳）

2020年 11月 28日 現在

入須《にゅうす》太《た》郎《ろう》（23歳）

東京都 世田谷区 在住

中小企業勤務		年収 300万
2062年	65歳	定年退職

一生で払う税金（23〜90歳）

1位	消費税	約2174万円
2位	住民税	約1627万円
3位	所得税	約1267万円
	計	約5068万円

※生涯賃金 約3億4000万円
2020年11月時点の税制が続く場合
「池上彰のニュースそうだったのか!!」番組で試算

医療費は30年で2倍以上に！

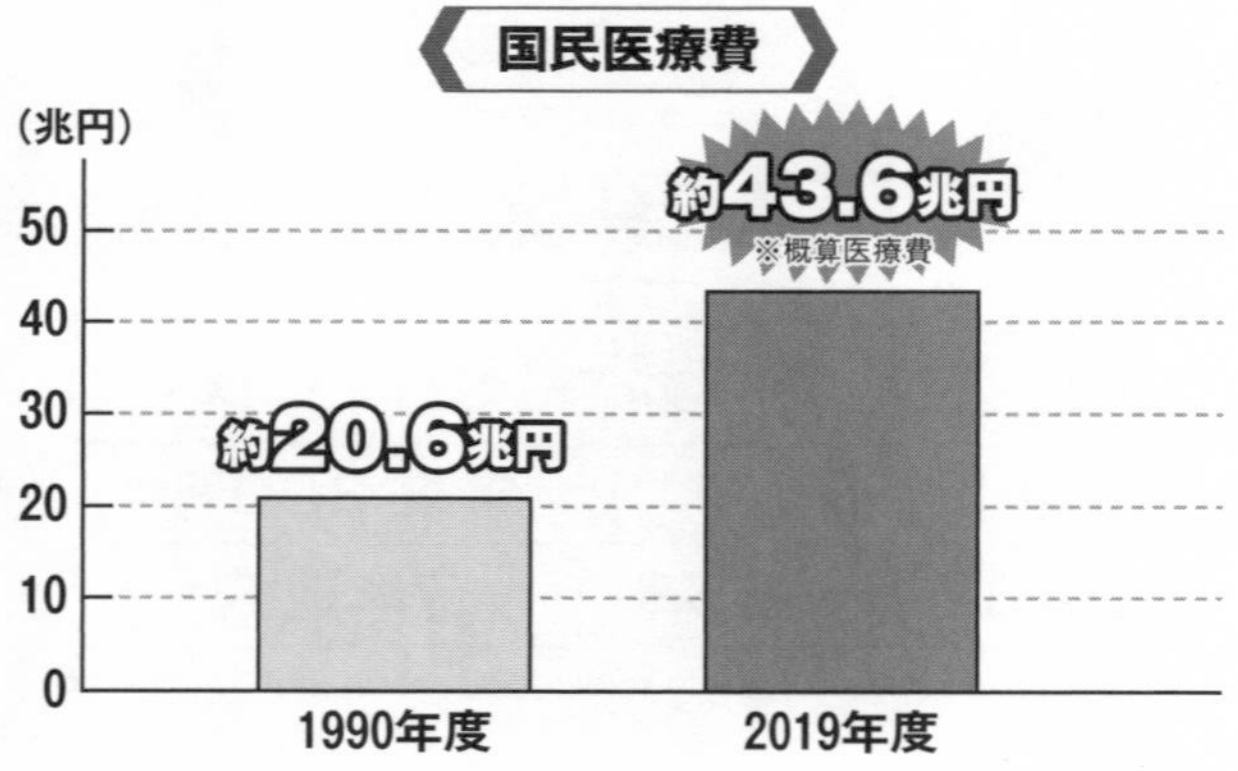

◉消費税の使い道は社会保障

以上三つの税金の合計額は5千万円を超えています。一生で考えるとかなり払うんだなと驚かされますね。中でも一番多く払う消費税は何に使われるのか、あなたは知っていますか。

消費税は使い道が限定されていて、大半が社会保障費に充てられます。これは少子高齢化が進んで社会保障に必要なお金が増える一方だからです。この費用をまかなうために消費税が導入されました。

消費税の使い道の一つは医療費です。

病院では健康保険があるので自己負担は

3割に抑えられ（未就学児や後期高齢者などは自己負担の割合が異なる）、残りの7割を国・自治体の税金や私たちが納めている保険料で負担しています。

ところが、この医療費が今とんでもない額になっています。厚生労働省によると、2019年度の国と地方を合わせた概算医療費は約43兆6千億円に達しました。30年近く前の1990年度が約20兆6千億円でしたから、30年で2倍を超えたことになります。これから高齢者が増えれば、医療費がさらに膨らむことは確実です。

◉少子高齢化で増え続ける現役世代の負担

少子高齢化で現役世代の負担はどんどん重くなっています。50年以上前の1965年は、胴上げ型といって現役世代のおよそ9人で1人の高齢者を支えていたのですが、少子高齢化が進んだ2020年にはおよそ2人で1人を支える形になりました。これが騎馬戦型です。

この先、2050年には肩車型になると予想されています。約30年後の日本社会は、働いている1・3人で高齢者1人を支えなければならず、支えるほうは相当大変です。

高齢者1人を何人の現役世代で支える？

胴上げ型

（1965年）

騎馬戦型

（2020年）

肩車型

（2050年）

※総務省統計局「人口推計」
国立社会保障・人口問題研究所の
資料をもとに計算

後期高齢者（75歳以上）の医療費〈年間〉

後期高齢者（75歳以上）　出典：総務省統計局「人口推計」

2020年11月　約1873万人　※概算値

医療費　約 17兆6千億 円

※2019年度「医療費動向」「人口推計」をもとに番組で計算

かつては現役世代の人口が多かったので一人当たりの負担は少なくて済みました。しかし、今はもうそういう時代ではなく、今後、働く世代の負担は一段と増え続けていきます。負担の重さに耐えられなければ、医療をはじめ社会保障のサービスの水準を落とすしかありません。そうならないようにするには、そのための税収を確保する必要があります。それが消費税なのです。

一人当たり年間約33・2回。これは75歳以上の方が病院で受診する回数です（2017年度　出典：厚生労働省「医療保険に関する基礎資料」）。高齢になれば誰だっ

75歳以上１人当たりの医療費（2019年度）

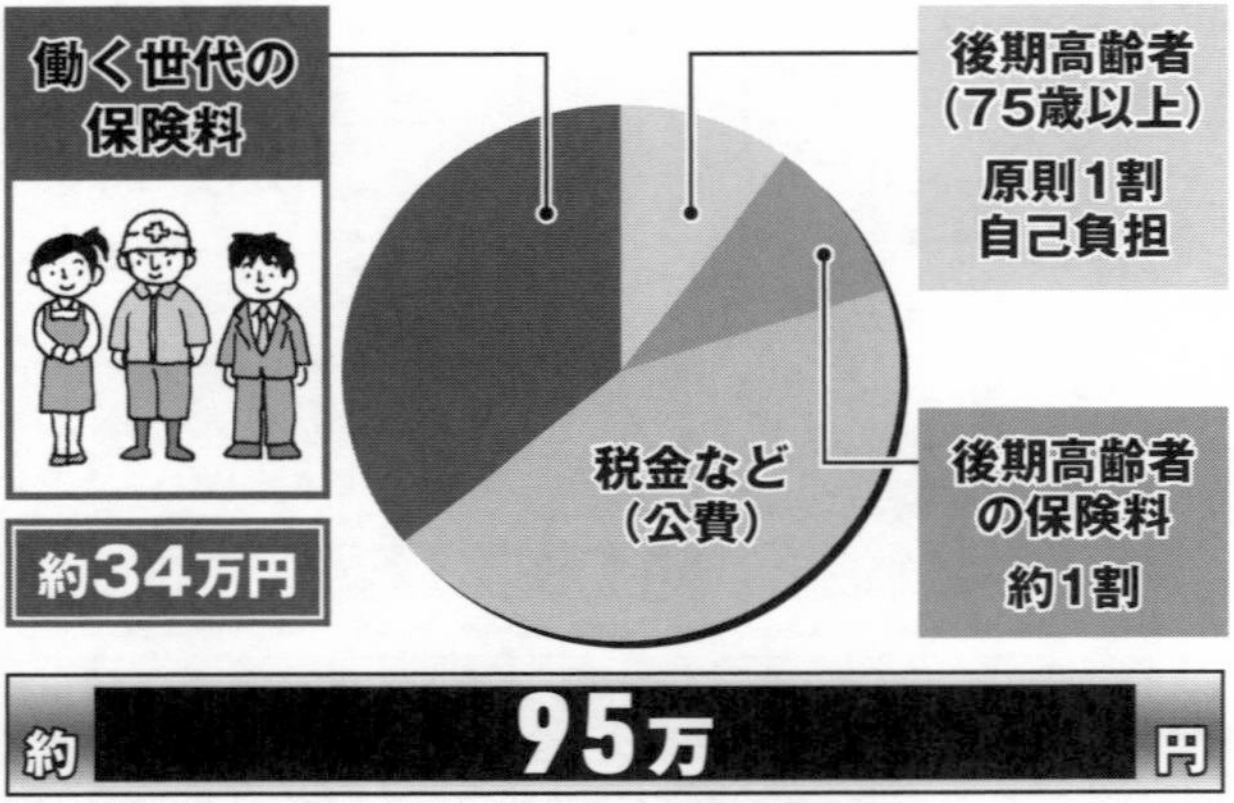

※厚生労働省の資料をもとに番組で作成。概算

て病院のお世話になる機会は増えるもの。では、75歳以上の方に今、年間どれくらい医療費がかかっているかというと、約17兆6千億円です。75歳以上の人口一人当たりでは約95万円になります。

その95万円のうち約2割は高齢者の自己負担や保険料でまかなわれ、残りの半分ほどが税金です。そしてもう半分は、現役の働いている世代が納める保険料によってまかなわれています。その額はざっと34万円。

これは見方を変えると、元気で働いている人たちみんなで、75歳以上の高齢者一人当たり年間34万円を仕送りしているということです。

若い人は「仕送りするのか」と思うかもしれませんが、そんなあなたもいずれは年を取って仕送りしてもらう側になります。その時になって若い人たちが「仕送りなんか嫌だよ。もっと自分のためにお金を使いたい」と言わないかどうか。そんなことになったら悲しいですよね。

今からせっせと高齢者のために仕送りをしておけば、自分が高齢者になったときに仕送りを受ける権利があるんだと、ポジティブに考えてみたらどうでしょうか。

●コレって税金がかかる？　かからない？

世の中には税金がかかるのか、かからないのか、わかりづらいものが結構あります。次の1〜5は「税金あり」と「税金なし」のどちらでしょうか。

1　国からもらえる年金——所得税・住民税
2　商品券の購入——消費税

3　馬券の払戻金――所得税・住民税
4　10万円の特別定額給付金――所得税・住民税
5　宝くじの当せん金――所得税・住民税

1の年金は「税金あり」です。65歳未満は年間で108万円超、65歳以上なら158万円超もらう人は、所得税と住民税を納める必要があります。

2の商品券は「税金なし」。商品券で買い物をするときに消費税がかかるので、商品券の購入時には税金はかかりません。もし商品券を買ったとき税金がかかったら二重課税になってしまいます。

3の馬券の払戻金はどうでしょうか。これは「税金あり」です。所得税と住民税がかかります。馬券の払戻金は「一時所得」に分類され、年間の収入（払戻金）から収入を得るための支出（当たり馬券の購入費）を引いた額が50万円を超えたときは、税金を納めなくてはなりません。

4の10万円の特別定額給付金は「税金なし」。生活費や家計支援のためのお金だから

コレって税金がかかる？ かからない？

これって税金 あり? なし?

①
年金

②
商品券の購入

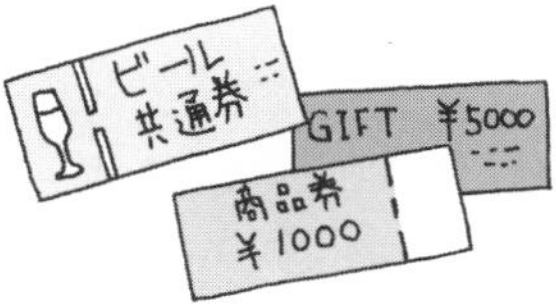

③
馬券の払戻金

④
特別定額給付金

⑤
宝くじの当せん金

です。でも、同じ新型コロナに関するお金でも、事業の継続を下支えするための持続化給付金などは、会社の利益になるので税金がかかります。

5の宝くじの当せん金は、馬券の払戻金とは異なり、税金はかかりません。宝くじは購入時に税金が一律徴収され、収益の約4割が発売元の自治体へ納付されます。買った時点でもう税金を払っているため、当せん金に税金がかかると二重課税になるのです。したがって「税金なし」です。

但し、友人やグループでお金を出し合って宝くじを買い、当たったら山分けにするような場合は要注意です。代表者が当せん金を受け取って、後で分けると贈与税がかかるのです。本人は自分の取り分をもらっただけと思っていても、法律上は贈与とみなされ、その額が年間110万円を超えると課税されます。その分手元に残るお金は減ることになります。

こういう場合は購入者全員で当せん金を受け取りに行けばいいのです。そうすれば課税されることはありません。

●身近なことに使われる私たちの税金

大勢の人が納めた税金は、私たちの身近なところで使われています。どんなものがあるのか考えてみましょう。

たとえばゴミの収集がそうです。

親元を離れて新生活を始めた人が真っ先に直面するのがゴミ出しです。燃えるゴミ、燃えないゴミ、容器包装プラスチックなどに分別して、決められた曜日にゴミ集積所に出さなくてはいけません。ゴミを出しておくと、地域を巡回しているゴミ収集車がやって来て、その日のうちに回収してくれます。ゴミの分別は手間がかかって面倒ですが、これをやることによって効率的なゴミ収集が可能になります。

このゴミの収集にどのくらい税金が使われているかというと、全国のゴミ処理の費用が年間2・3兆円です（2018年度　出典：環境省）。これを人口で割った数字が約1万8千円。一人当たりのゴミ処理にこれだけの税金が投入されているのです。

ここにはゴミ収集作業員の人件費、焼却施設の維持費、新たな施設の建設費などが入っています。

新型コロナウイルスの感染が広がった2020年は、緊急事態宣言の発令で外出自粛やテレワークが要請され、家庭で料理をする人が増えて家庭ゴミも大幅に増えました。東京23区の2020年4月〜6月の家庭ゴミは、前年の同じ時期と比べ8%増加したそうです（出典：東京二十三区清掃一部事務組合）。

●ゴミ収集車の火災が増えている

その影響なのか、最近全国的にゴミ収集車の火災が増えています。2020年は例年よりも多かったとのこと。

主な原因と考えられるのが、スプレー缶やカセットボンベ、モバイルバッテリー、加熱式タバコの本体などです。こういったものを燃えるゴミと一緒に出す人が多く、ゴミ収集車の火災につながりました。

ガスの残っているカセットボンベが入ったゴミを、そうと気づかないままゴミ収集車に入れたとき一体何が起きるのか。製品評価技術基盤機構（ＮＩＴＥ）が実験を行っ

ゴミ収集車の火災

滋賀県大津市消防局：提供

ています。

それによると、ゴミ収集車の内部でゴミを圧縮し始めてからわずか8秒ほどで発火しました。あっという間に周りのゴミに引火して炎上。非常に危険で、作業員がやけどでけがをすることもあるそうです。

収集車は燃え方がひどければ廃車にするしかありません。その時は新しく買うことになりますが、新車の2トン車で1台約600万円します（「池上彰のニュースそうだったのか!!」番組調べ）。これも税金で買うわけですから、無駄な出費を避けるためにも、ガスなどは使い切り、きちんと分別して捨てましょう。

◉金額を知ると真剣に考えたくなる⁉

自力で病院に行けるのに、救急車をタクシー代わりに呼ぶ人が増えて問題になっています。

救急車ならタクシー代がかからないと考えるのは安易すぎますね。もちろん、救急車の活動は私たちの税金でまかなわれています。

救急車が1回出動するたびにいくらかかるか調べたところ、2019年は単純計算で38秒に1回出動しており（出典：東京消防庁）、1回の出動にかかる税金は約4万5千円でした（2002年　東京消防庁の事業コスト試算の報告書をもとに計算）。

消防車の場合は、木造2階建ての一般住宅が1棟全焼する火災では、消防車7台の出動で約219万円かかります（出典：2010年　群馬県太田市「火災出動1件当たりのフルコスト」）。

住宅の火災は年間1万件以上あるので、全体ではかなりの額の税金が必要だとわかります。

◉ガードレール、信号機、案内標識の設置費用

道路にあるものは全部が税金で作られているわけではないのですが、ガードレールや信号機、案内標識などには税金も投入されています。これらを設置するにはどれくらいお金がかかるのでしょうか。

ガードレールについては、1メートル分を設置するのにかかる費用は約8300円です。信号機1機を設置する費用は約400万〜500万円、案内標識を1基設置するのにかかる費用は約750万円と、結構税金が使われています。

信号機も案内標識も台風などで飛ばされたら困るので、支える支柱は頑丈なものが使われています。それだけお金もかかるわけです。信号機やガードレールなどは税金以外にも、ある人たちから集めたお金が使われています。さて、何でしょう？

ヒントは自動車免許。免許を持っている人なら一度は払ったことがあるかもしれません。そう言えばわかりますよね。交通違反の反則金です。

この交通違反の反則金は、最初から使い道が決められています。集められた反則金

は一度国の予算に入り、その後、人口や事故件数などを考慮して都道府県に分配されます。これはガードレール、信号機、案内標識など道路の安全に関わる設備に使うと決まっているのです。

内閣府によると、交通反則金の1年間の納付額は約508億円に上ります（2018年度）。「数千万円程度かな」という私たちの想像をはるかに上回る金額です。

これほど多くのお金が集まるのは、交通違反をする人が多いということもあるでしょうが、理由はそれだけではありません。実は、反則金の総額は納める前から国家予算に計上されているのです。あらかじめこれだけの反則金を集めようと決めておき、実際にそれに近い額の反則金が集まってくるわけです。なんだかおかしいですよね。

国が警察に「これだけの反則金を集めなさい」とノルマを課している。ついそう考えたくなりますが、警察はあくまで「努力目標です」と言って、ノルマではないと強調しています。一応警察の言い分を認めるとしましょう。そうすると、道路設備を作るという使い道の決まった国家予算が先に組まれ、警察はその金額分を交通違反者に納めてもらうように努力するという、そういう構造になっています。

ガードレールや標識の設置費用

※コンクリート建込・塗装品（白）
（加算率・補正係数の適用なし）
Gr－B－2B

ガードレール（1m）設置費

約 8300 円

出典：（一財）経済調査会「土木施工単価2020年 秋号」

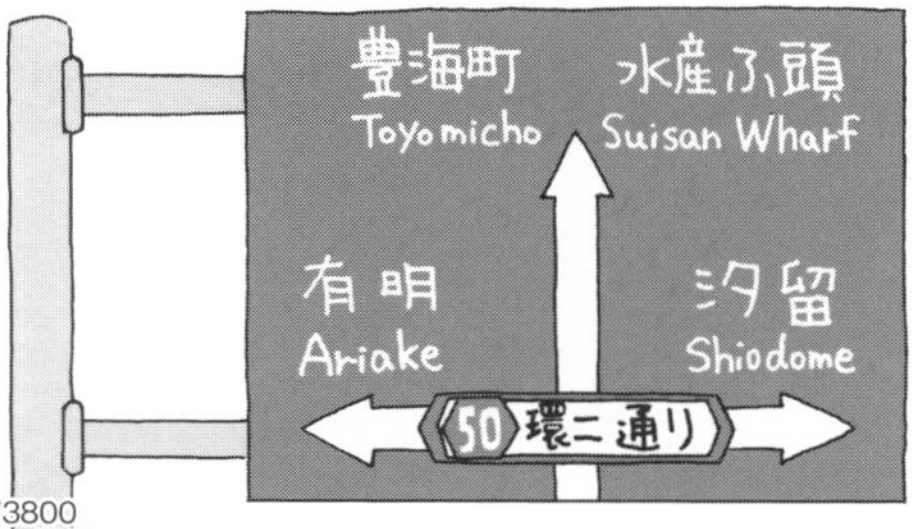

H3000×W3800
広角プリズム反射
※東京都（大都市）施工
※サイズ・反射・設置場所等の諸条件によって異なります　※材工諸経費込（市場単価）

案内標識（1基）設置費

約 750万 円

出典：アークノハラ

◉教育、裁判、国会に投入される税金

私たちの暮らしに関わりの深い教育、裁判、国会(政治)、これらにも多額の税金が投入されています。

まず教育です。文部科学省によると、義務教育で公立学校に9年間通った場合、かかった税金は一人当たり約900万円です(2018年度)。子どもたちが学校で使う教科書、実験器具や体育用具、校舎の維持費、そして先生の給料などに使われています。

裁判については、刑事裁判、民事裁判など全部含めて1年間で約360万件の裁判があり(2018年度 出典:「司法統計年報」)、財務省主計局の算定では年間3157・4億円の業務コストがかかっています。

裁判で有罪となり懲役刑などで刑務所に収監された場合、その人にかかる経費も税金です。但し、全てが税金というわけではなく、国の収入も使われているそうです。

刑務所で受刑者一人の1日にかかる経費は1924円。そのうち一番経費がかかっ

義務教育、公立学校で税金はどのくらい使われている？

1人当たり 義務教育9年間 ▶ **税金 約900万円**

公立小学校 1人当たり	年間 約94万円×6年=564万円
公立中学校 1人当たり	年間 約112万円×3年=336万円

出典：文部科学省（2018年度）

公立学校に使われている税金

国会1日当たりの税金の費用は？

出典：2020年度一般会計歳出予算をもとに計算

ているのが食糧で538円です（2019年度　出典：法務省矯正局）。

では、政治の舞台である国会にはどれくらいお金がかかっているのでしょうか。

国会といえば、審議中に寝ている議員がいたり、起きていても本を読んでいたりスマホを見ていたりして、やる気があるのかと問題になりました。

国会の大事な役目の一つは、税金の使い道を決めることです。その国会には1日当たり約2億9616万円もの税金がかかっています。

これは国会を開かなければおよそ3億円が浮くという意味ではなく、国会のた

議員と秘書の給料（年間）

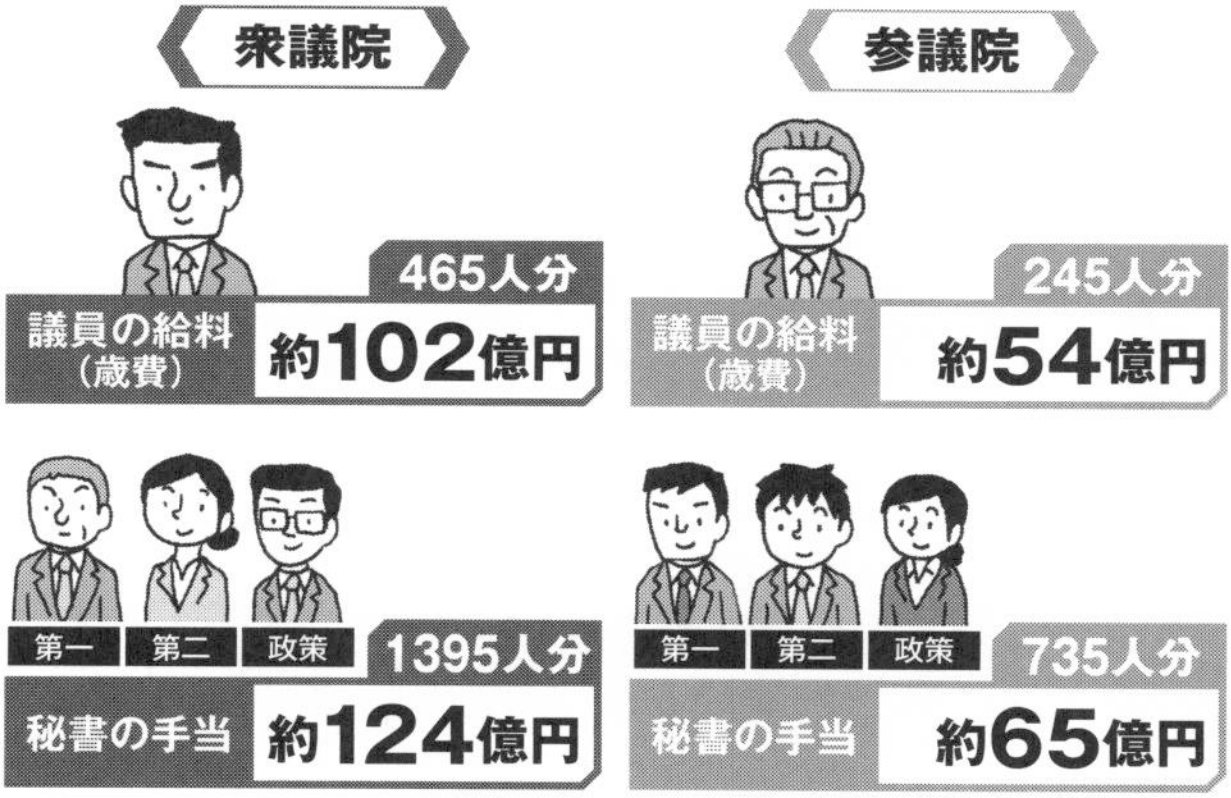

※2020年度一般会計歳出予算をもとに計算

国会の年間予算（衆議院／参議院）

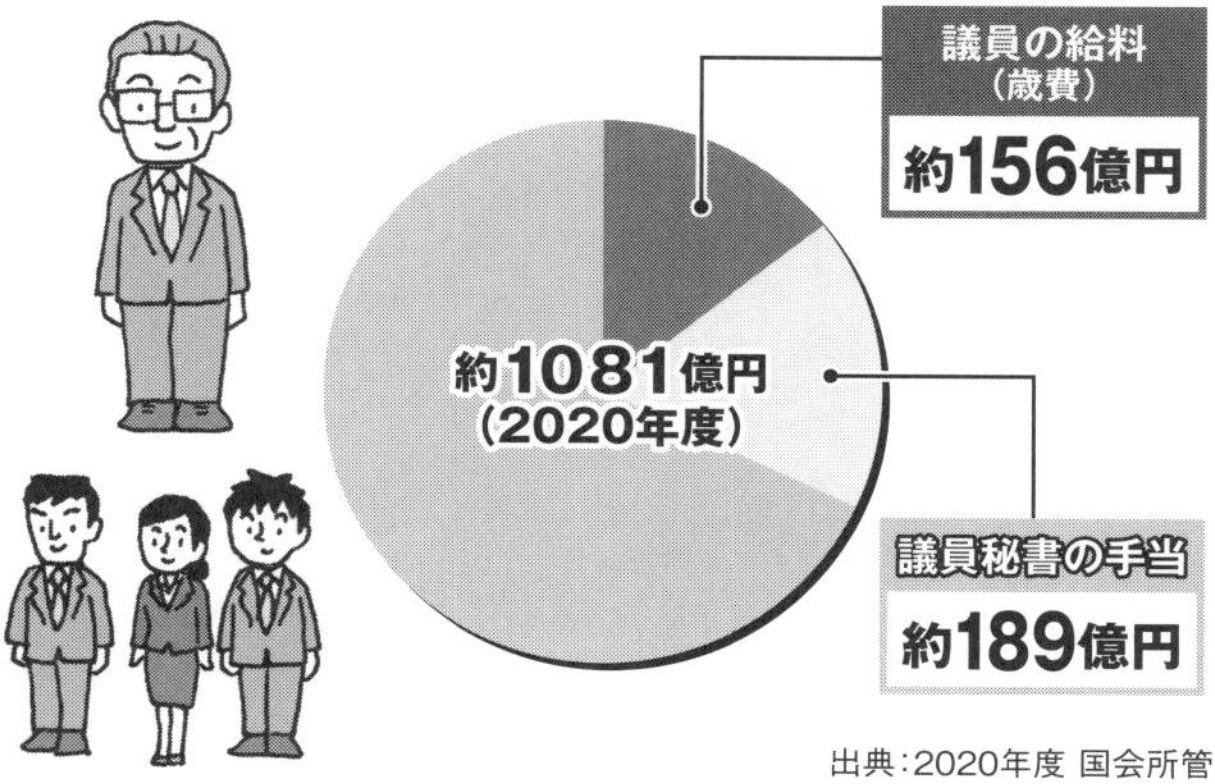

出典：2020年度 国会所管

めの予算約１０８１億円を３６５日で割った金額です。国会議事堂の光熱費、職員・警備（衛視）などの人件費、公用車の管理費などにも使われるのですが、一番かかっているのは何といっても議員の給料と秘書への手当です。

たとえば衆議院は、議員の給料（歳費）が約１０２億円、議員の秘書は第一秘書、第二秘書、さらに政策秘書を雇うことができるので、その分の手当が約１２４億円です。参議院は議員歳費が約54億円、秘書手当が約65億円。全部合わせて約３４５億円で、国会の年間予算の3割強を占めます。

その他、議員宿舎の維持管理費や海外視察などの旅費、ＪＲ無料パス（乗り放題）、議案のコピー代などにも税金が使われています。

◉社会保険料は一生でどれくらい払う？

納税は国民の義務ですが、納める義務があるのは税金だけではありません。働いている人は社会保険料も納めることになっています。「保険料って馬鹿にならない」と感じている人は多いですよね。

主な社会保険料は、「健康保険料」「厚生年金保険料」「雇用保険料」「介護保険料」の四つです。23歳の入須太郎さんが90歳まで生きたとして、社会保険料の総額はどうなるのか調べました。

結果は、116ページに示した通り、約5336万円です。これは一つの例に過ぎず、年収や家族構成によって払う金額は違ってきます。

ところで、何のために4種類も社会保険料を払うのか、あなたは理解していますか。

社会保険は、もしもの時のリスクに備えて月々納めていくのが基本です。病気になるリスクは誰もが持っていますから、これに備えるのが健康保険です。納めた保険料は医療費の一部を補うための財源になります。

厚生年金は、会社員が定年退職して仕事がなくなった時にも生活できるように、働いているときに保険に入っておくというもの。原則70歳未満が加入し、保険料は老後や障害・死亡時に年金を受け取るための財源となります。

雇用保険は、リストラや会社の倒産など様々な理由で失業したときに、次の仕事を見つけるまでの間、給付金をもらえるというものです。雇用保険料は、この給付金を

社会保険料は一生でどれくらい払う？

入須《にゅうす》太郎《たろう》(23)

中小企業勤務

23歳　年収　300万円

40歳　年収　700万円

60歳　年収　1100万円

（東京にマイホーム購入 車を所有）

2020年11月時点の税制が続いて
90歳まで生きた場合

生涯賃金
約 3億4000万 円

↓

生涯で払う社会保険料

23歳（就職）〜90歳

健康保険料
約 2110万 円

厚生年金保険料
約 2937万 円

雇用保険料
約 92万 円

介護保険料
約 197万 円

約5336万円

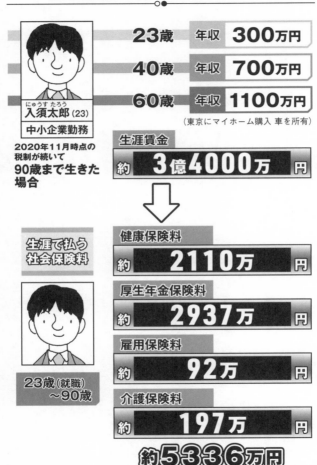

もらうための財源となります。

年を取って介護が必要になったとき、一部の費用負担だけで介護サービスを受けられるのが介護保険です。寝たきりになるなどのリスクに備えて40歳になったら保険料を払うことになっています。40歳以上の人は加入義務があるため、健康に自信があるからといって納付を拒否することはできません。

このように四つの社会保険にはそれぞれ大事な目的があり、生涯に払う保険料も全部合計すれば大きな金額になるわけです。

ちなみに、社会保険料を払わないでいると困ったことになります。たとえば健康保険の場合、保険証が使えなくなります。保険証が使えないと病院に行っても医療費は全額自己負担です。病気になったときに困るのです。

保険料の滞納を続けた場合は、最終的に銀行口座を凍結されることもあります。最近は取り立てが非常に厳しくなっていて、「税金ではないのだから」と甘く考えるのは禁物です。

では、生涯に払う税金と保険料がいくらになるのか見てみましょう。車を所有し、

税金と保険料、生涯賃金のどれくらいを占める？

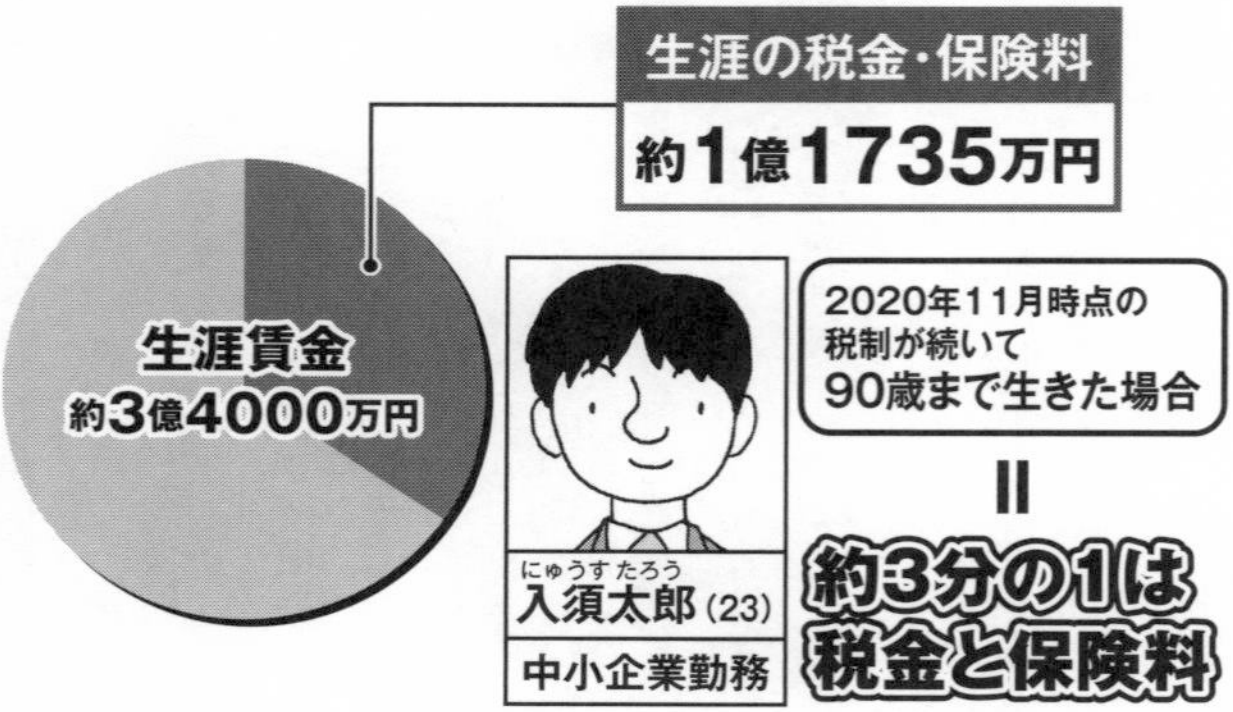

東京でマイホームを購入、生涯賃金が約３億４千万円の入須太郎さんのケースでは、税金と保険料の合計は約１億１７３５万円になります。

生涯賃金のおよそ３分の１が税金と保険料です。重い負担だと感じるかもしれませんが、ものは考えようです。一生懸命働いて稼いで、それだけ税金を納めれば、社会のために役に立っているとも言えるわけです。あなたも社会のために役に立つように、精一杯働いて稼いで、たくさん税金を納めてください。そうした一人ひとりの努力によって私たちの社会は成り立っているのです。

◉国の予算を見れば日本の考え方がわかる

あなたは働いて稼いだお金をどのように使っていますか。衣食住にしっかりお金をかけるという人もいるでしょうし、いい車を買って毎月のローンの返済が大変だという人もいるでしょう。できるだけ節約してたくさん貯金するという人もいるかもしれません。貯金するより趣味にお金をかけたいという人もいるはずです。

このように、お金の使い方を見れば、その人が何を大事に考えてどんな生活をしているかがわかります。

税金についても同じことが言えます。集めた税金の使い道を見れば、日本という国が何を大事に考えているかがわかるのです。

日本は全体として何にいくら税金を使っているのか、そして今の日本が何を大事に考えているのか。この点を明らかにするため、ここで国の予算を取り上げます。

◉一番多いお金の使い道は？

まず、国が1年間でどれくらいお金を使っているかというと、100兆円を超えています。2021年度の国家予算（一般会計歳出）は106兆6097億円で過去最大でした（出典：財務省）。

その全てが税金というわけではなく、税収は57兆4480億円、税外収入が5兆5647億円です。これでは歳出をまかなえないため、不足分の43兆5970億円は国債を発行してまかなっています。

こうやって集めたお金をいろいろな名目で使っていくわけですが、歳出総額の内訳を見ることで、国が何に一番お金を使っているかがわかります。

次のページのグラフを見てください。社会保障が全体のおよそ3分の1（33・6％）を占めています。

社会保障は、年金や医療費など、私たちの生活や健康を守るためのお金です。その社会保障費に一番多くお金をかけているのは、日本が世界一の超高齢社会になったたか

2021年度の予算（一般会計）

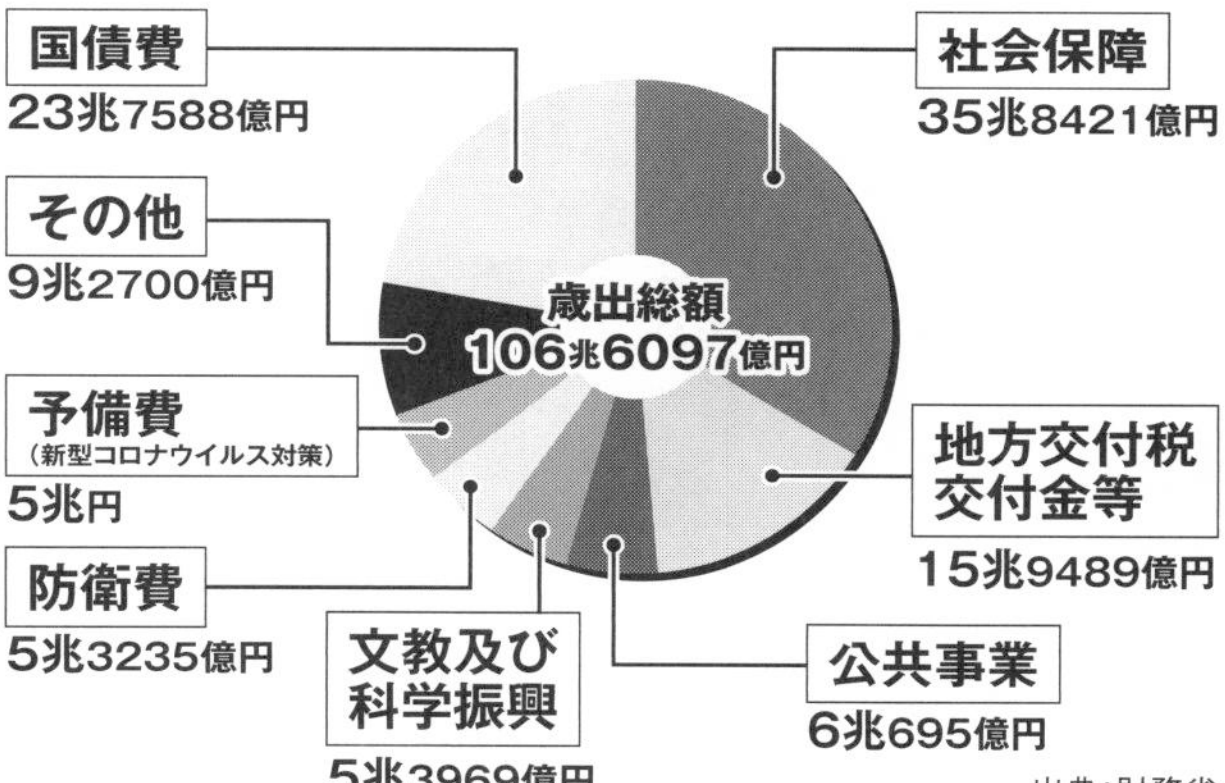

出典：財務省

らです。金額としても35兆8421億円は過去最大の規模。おそらく2022年度はさらに増え、「過去最大」がこれから毎年続くと思われます。

高齢化が進めば進むほど社会保障費は増えるはずで、国は「増税して税収を増やそう。そうしないと社会保障費をまかなえない」と考えました。消費税が10％に上がったのはそのためです。

●社会保障費と国債費で予算の半分以上使う

お金の使い道で2番目に多いのが国債費です。国債費は借金返済のためのお金

2021年度の予算（一般会計）

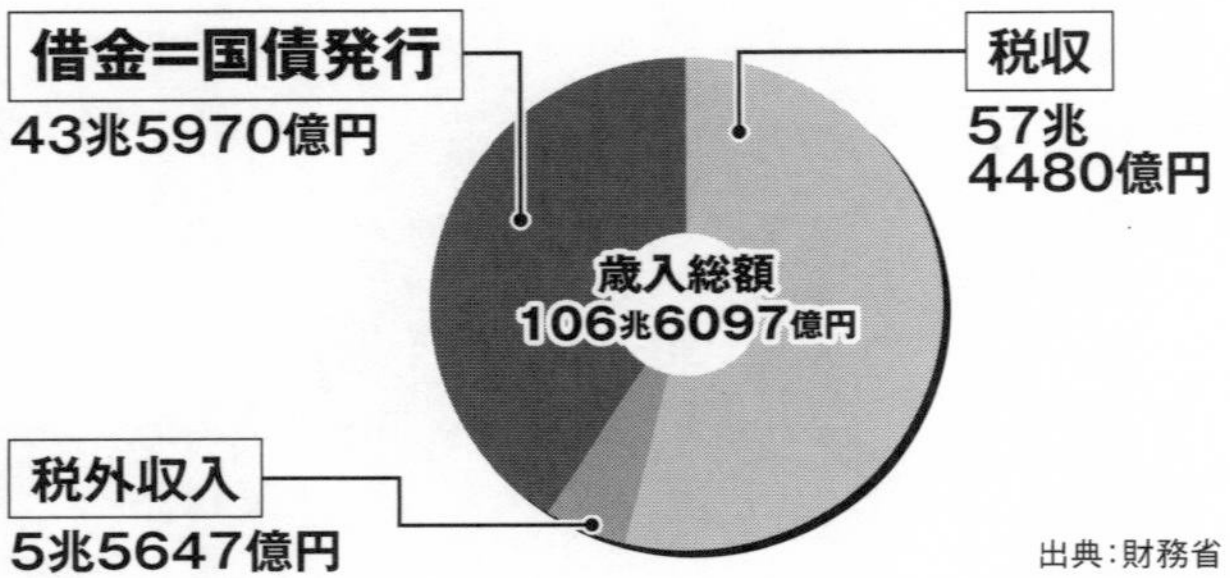

出典：財務省

で、1年間に23兆7588億円も返済しています。

返さなければいけないお金がこれだけあるということは、当然借金の額も莫大だということです。社会保障費が増えたこともあり、日本は毎年借金を重ねてきました。今では積み重なった借金の返済だけで予算の4分の1近く（22・3%）を占めています。社会保障費も合わせればこの二つで予算の半分以上を使っていることになります。

国が1年間に借金した額は、先ほど述べたように2021年度が43兆5970億円です。この43兆5970億円を新たに借金する一方、過去に借りた分に関しては23兆円余りを返済に充てました。

結局、税収だけでは足りなくて借金をするわけですが、長い間借金を続けたためにその返済のお金まで借金をすることになっているのです。

でも、こんなに借金をして大丈夫なんでしょうか。本当に返せるのか心配になりますね。「借金はなくさなければ」と思うかもしれませんが、実は借金はなくさなくてもいいのです。

借金を完全にゼロにする必要はありません。どこの国も借金はしていて、これをゼロにするのはとても大変です。そこまでしなくても、借金が増え続けなければ大丈夫だろうというのが一般的な見方です。

借金はゼロにしなくてもいい、それはあまりにも大変なので増えないように努力しよう、ということです。

しかし、今の日本は借金が増え続けています。だから心配だという声が上がっているのです。

もう一度、121ページのグラフを見てください。社会保障費と借金返済（国債費）だけで歳出総額の半分以上（約56％）を占めています。これが日本の予算の現実だということを知っておいてください。

◉「新型コロナ対策予備費」に5兆円

3番目に多いお金の使い道は、地方交付税交付金等です（15・0％）。このお金は、地方の収入のばらつきをなくすための、国から地方への仕送りのようなものです。

その他、道路や公園の整備などをする公共事業（5・7％）、教育や科学技術の発展のための文教及び科学振興（5・1％）、国を守る防衛（5・0％）などにお金を使っています。

予算には毎年、予備費が計上されますが、2021年度はいつもと違って桁《けた》違いの金額になりました。予備費とは、予期しないことが起きた時のために使い道を決めずに確保しておくお金です。たとえば地震や豪雨で被害が出たりすると、この予備費を支出して対応します。普通は5千億円程度です。

ところが、2020年から2021年にかけて新型コロナウイルスの感染拡大が続いたため、今回の予算は例年並みの5千億円の予備費に加えて、新型コロナ対策予備費として5兆円を計上しました。

国のお金の使い道を決めるのは？

通常の予備費より一桁多い金額を別枠で確保したところに、２０２１年度予算の特別な性格が表れています。

◉お金の使い道はどうやって決める？

お金の使い道は時の内閣が勝手に決めているわけではなく、ルールに従って決めます。法律でたくさんの段階を踏まないと使えないようになっているのです。

国の金庫番のような役目を持っているのはどこでしたっけ？　財務省ですね。財務省がうんと言わないと国のお金は使えません。そこで毎年5月から8月にかけて、それぞれの省庁が、来年度予算で

各省庁は財務省にアピール

はこれだけのお金を使いたいという金額を財務省に要求します。

どの省庁も少しでも多くお金を使いたいので要求金額は多めに出してきます。新型コロナのような問題が起きれば、必要な対策費が上乗せされ、要求額はさらに増えます。財務省はこうした要求について、本当にこの金額でいいのか、無駄な要求はないかなどを一つ一つチェックして、これならいいだろうという金額を決めていきます。

これは一家にたとえると、お小遣いの交渉に似ていますね。お母さんが財務省で、子どもたちが各省庁です。

子どもたちがお母さんに「お小遣いを上げて」と言います。するとお母さんが「ちょっと待ちなさい。何に使うんですか」と聞くわけです。子どもたちは「参考書をもっと買いたいから」とか「人気のゲームが欲しいから」とかいろいろな理由を挙げてアピールしますが、お母さんの財務省は「参考書を買うならいい。でもゲームはダメ」などと言って、お小遣いを上げたり、据え置いたりします。これと同じようなやり方で国の予算案を作るのです。

こうして財務省のチェックを経た上で内閣が予算案を決定します。でも、まだ重要なプロセスが残っています。それが国会での話し合いです。

年が明けた1月から3月ごろ、国会で予算審議が行われます。ここで話し合いがまとまれば予算案は承認され、正式な予算となります。

◉暫定予算や補正予算を組むことも

しかし、話し合いがまとまらない場合もあります。もし話し合いが決裂して予算が決まらなかったらどうなるでしょうか。

3月末までに予算が決まらないと、年度初めの4月から公務員の給料が払えなくなります。公務員の給料は税金ですから国の予算が決まらなければ支出できません。そうなると公務員は出勤できず、国の仕事は全部止まってしまいます。これは国の機能が停止状態になるということで、国民生活にも大きな影響が出ます。

そこで3月末までに決まらない場合は、暫定《ざんてい》予算といってつなぎの予算を作ってしのぎます。国会での話し合いが決着するまで、とりあえず4月の給料はこれまでと同じだけ払うとか、国の仕事をする上で必要な経費は従来通り払うとか、問題が起きないようにつなぎの予算を組むのです。それを組んだ後で、改めて話し合いを継続するわけです。

正式な予算が決まったとしても、その年度のどこかで不測の事態が起きることがあります。あなたも突然の出費で困ったことはありませんか?

予備費でも足りないほどの急な出費、しかも多額の出費が発生した場合、国は追加の予算を作ります。これが補正予算です。

記憶に新しいのが2020年度の予算です。この時は3回も補正予算を組みました。

財務省によれば、その総額は新型コロナウイルス対策を中心に約76・8兆円に上ります。

気になるのは国が負担するお金の出どころですが、これだけのお金をどこから持ってくるのかと言えば、言うまでもなく借金です。国債を発行して資金を調達しています。

第 4 章

20歳の自分に教えたい

◉「これって何のお金？」を徹底解説

私たちがふだん何気なく払っている料金。請求書が届いて「なんでこんなに高いんだろう」と思ったり、料金の内訳によくわからない金額が計上されていて首をひねったり、といった経験はありませんか。

私たちの身の回りには、「これって何のお金？　なんで払っているの？」と思うものが結構あります。

たとえばＮＨＫの受信料。「ＮＨＫをほとんど見ないのに、テレビがあるからといってなんで受信料を払わなきゃいけないの？」と不満を漏《も》らす人がいます。でも、これは払わなければいけないのです。もちろんそれには理由があるのですが。

お店で払うお金にも、サービス料、チャージ料、深夜料金など「これ何？」と思うようなものがありますよね。

そして携帯料金。最近、やっと下がってきましたが、ついこの間まで日本の携帯料金は国際比較で高いといわれてきました。それはなぜで、どうして値段が下がったのでしょうか。

第4章では、身の回りの「これって何のお金？」を徹底解説します。

◉日本の携帯料金は高い⁉

2020年9月に菅義偉《すがよしひで》内閣が発足して以降、携帯電話料金の引き下げが進みました。これは菅総理（当時）が携帯大手各社に要請したからですが、総理大臣に就任する直前、安倍内閣の官房長官のとき、こんなふうに語っていました。

「（携帯電話は）便利で使いやすい、そして安いということは、極めて大事だというふうに思っていますので」（2020年9月13日）

日本の携帯料金は高いと思っている人が多かったので、何とかしてこれを安くしたいと考えたわけです。

では、日本の携帯料金は世界的に見てどのくらい高かったのか。そもそも多くの人は携帯料金に毎月いくらぐらい払っていたのでしょうか。

2019年の総務省の調査によると、1世帯当たりの1カ月の携帯料金は、端末代

1世帯当たりの移動電話通信料

平均　10万3466円(年)　8622円(月)

出典：総務省「家計調査」(2019年・総世帯)

携帯料金の中身

を除いて約8600円です。

端末以外にかかっているお金の主なものを、134ページ下段に示しました。この中で昔は基本料金といわれ、今の料金プランのベースとなっているのが通話料とデータ通信料です。

これをわかりやすいイメージで説明すると、月額料金（通話料・データ通信料）はテーマパークへの入場料のようなもの、オプションやアプリは、それぞれの乗り物のチケット代、グッズ代、飲食代などに相当します。家族割引というのもありますが、これはテーマパークに入るときの団体割引ですね。

●携帯料金は何にお金がかかっている？

菅前総理が高いと言っていたのは、この入場料、すなわち通話料やデータ通信料の部分です。

137ページのグラフを見てください。各都市のシェア1位の会社の料金プランをもとに、世界の携帯料金を比較したものです。東京はニューヨークと並んで非常に高く、しかも他の都市に比べて下がり方が緩やかです。実はここに、日本の携帯電話料金の高い理由が隠れているのです。

その理由とは、携帯市場で競争が少ないこと。

日本は携帯大手3社だけで市場の約9割を占めています。NTTドコモ（ドコモ）、KDDI（au）、ソフトバンクの3社が圧倒的に強く、それ以外の事業者はなかなか入っていけません。ところが海外、特にヨーロッパなどは、料金の安い通信会社が次々に入ってきて激しい競争をするため、競争原理が働いて、結果的に料金が大きく下がっています。

日本では過去にウィルコムやイー・モバイルなどもありましたが、大手3社のシェアを奪うことはできませんでした。できなかった理由は、日本の携帯の品質が高いことと関係があります。

携帯が高品質とは、言い換えれば、どこでもつながるということ。日本では多くの場合、地下街や地下鉄、あるいは民家のない山でもつながりますが、実はこれ、海外では当たり前ではないのです。

世界の携帯料金

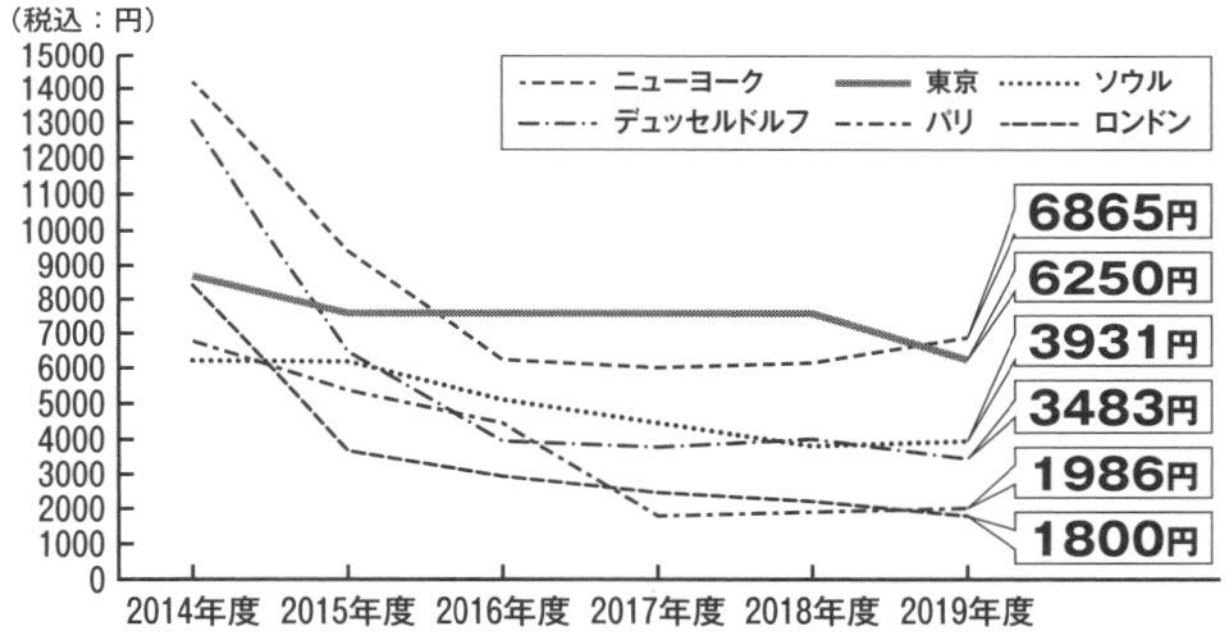

※各都市のシェア1位の事業者の料金プランを
データ容量 月5GBで比較

出典：総務省

中継アンテナを日本全国くまなく設置

日本の携帯は高品質

取材でアメリカに行くと、ニューヨークは問題なくつながるのに、ちょっと郊外に行くと全然つながらないということがよくあります。日本ではそういうことはないですよね。全国どこへ行ってもだいたいつながります。

この「全国どこでもつながる」を可能にするには、日本中に無数の中継アンテナを設置して、その維持管理もきちんと行うことが不可欠です。それには莫大なお金がかかり、よほど資金力のある会社でないと続けるのは難しい。また、現在は「4G」という通信規格から、それよりはるかに通信速度の速い「5G」への移行期にあたり、この5Gの基地局（中継アンテナ設備）をいかに早く整備するかが各社の課題となっています。

このように、設備投資で高いコストを負担することになるので、どの会社も利益を出すためには料金を下げたくないわけです。

一方、新たに入ってきた通信会社は、4Gであれ5Gであれ、自力で中継アンテナを整備しなければなりません。しかし、それにはお金がかかりすぎて全部の地域を網羅するのは困難です。そうなると、都市部はつながるけど、地方に行くとつながらない（つながりにくい）という状態になって、大手3社との競争に勝つのは簡単ではないのです。

●携帯料金の値下げにこだわった菅前総理

こうした事情から日本では携帯料金が高かったのですが、菅前総理はしきりに「高すぎる。もっと下げられるはずだ」と言って、携帯各社に値下げを求めました。

なぜ菅前総理は携帯料金の値下げにこだわったのでしょうか。

実は、最近になって言い出したことではないのです。総務省の大臣（総務大臣）だった2007年1月の段階で、既に「携帯電話のビジネスモデルの是非など、基本に立ち返って考える必要があるのでは？」と語っています。10年以上も前から、携帯電話料金は高い、見直しが必要だとずっと言っていました。要するに持論だったのですね。

総理大臣になったから「さあ、やるぞ！」と意気込んだことが一つ。もう一つは、やはり国民の人気取りです。

携帯電話は多くの国民にとって身近なものであり、携帯料金が安くなって喜ばない人はいません。総理大臣としては、そうやって国民の負担を軽減すれば人気が出るんじゃないかと考えたのでしょう。2021年秋の衆議院選挙で勝つためにも国民が喜ぶ政策を実行しておきたかった、ということです。

◉政府が民間企業に口を出していいの？

ここで考えたいのは、民間の会社が決めたことに政府が口出ししていいのか、という問題です。

民間企業に対しては、法律違反などがない限り、政府が口を出すことはほとんどありません。携帯大手3社も民間企業ですが、なぜか政府はいろいろ口を出しています。そこにはこんな理由があるのです。

総務省は、電波には限りがあり、これは国民共有の財産なのだという考え方に基づいて電波を管理しています。このため、携帯事業者は総務省への登録などが必要で、総務省から認められて初めて携帯電話用の電波を使うことができます。電波を使う事業は、他の一般の事業と違って特殊なのです。

それゆえ総務大臣や総理大臣が、「携帯電話料金が高すぎる。もっと安くしてほしい」と口を出すこともできるわけです。

さらに言うと、2018年6月、公正取引委員会が携帯電話の市場は競争が十分とは言えないという見解を出しました。このことも背景にあるのではないかといわれています。

公正取引委員会は、不正な手段を用いて市場で独り勝ちする企業などを取り締まるのが仕事です。政府をはじめ他からの圧力を受けないように独立した機関となっていて、その見解には重みがあります。

自由な競争があれば、いい商品や安いサービスが提供できるはずです。料金が高止まりしているのは十分な競争が行われていないからではないか、と公正取引委員会は指摘したのです。

結局、菅総理（当時）の値下げ要請があって間もない２０２０年10月、携帯大手３社はそろって値下げを検討すると発表しました。その後、各社ともに料金プランの変更を模索するなか、ＮＴＴドコモが始めたデータ容量月20ギガバイト、月額３千円以下（税別）の料金プランの反響が大きく、ＫＤＤＩとソフトバンクはすぐに追随しました。

ただ、この新プランは申し込みがオンライン（インターネット）限定のため、スマホに慣れていない人は契約しにくいのが難点です。

２０２１年5月、総務省は２０２０年度の携帯料金の国際比較を発表しました。それによると、東京のシェア1位の事業者の料金プランは、データ容量月5ギガバイトで２９７３円です。１３７ページ上段のグラフからわかるように、２０１９年度の東京の携帯料金は同じ条件で6250円でした。わずか1年で半額以下に下がったのです。順位も6都市中5位から3位に浮上、データ容量月20ギガバイトでは6都市中2位と東京は今ではロンドンに次いで安くなっています。

●使いすぎると追加料金・速度制限が発生

ところで、LINEの通話はなぜ無料なのかわかりますか。

これは電話回線ではなく、データ通信を利用しているからですね。電話回線は基本的に使った分だけ料金がかかるので長時間話すと高額になります。これに対してデータ通信は、何ギガバイトまではいくらという上限を決めた定額制です。音声だけならとても小さなデータにできるので、無料に近い金額で利用できるのです。

では、1カ月のデータ容量の上限を超えると、追加料金や速度制限がかかるのはなぜでしょう？

これは電波の容量に限度があるからです。膨大なデータを使う人がいると、他の人が使える空き容量がなくなってしまいます。たとえばハロウィーンのときや新年を迎

LINEの通話が無料になる仕組み

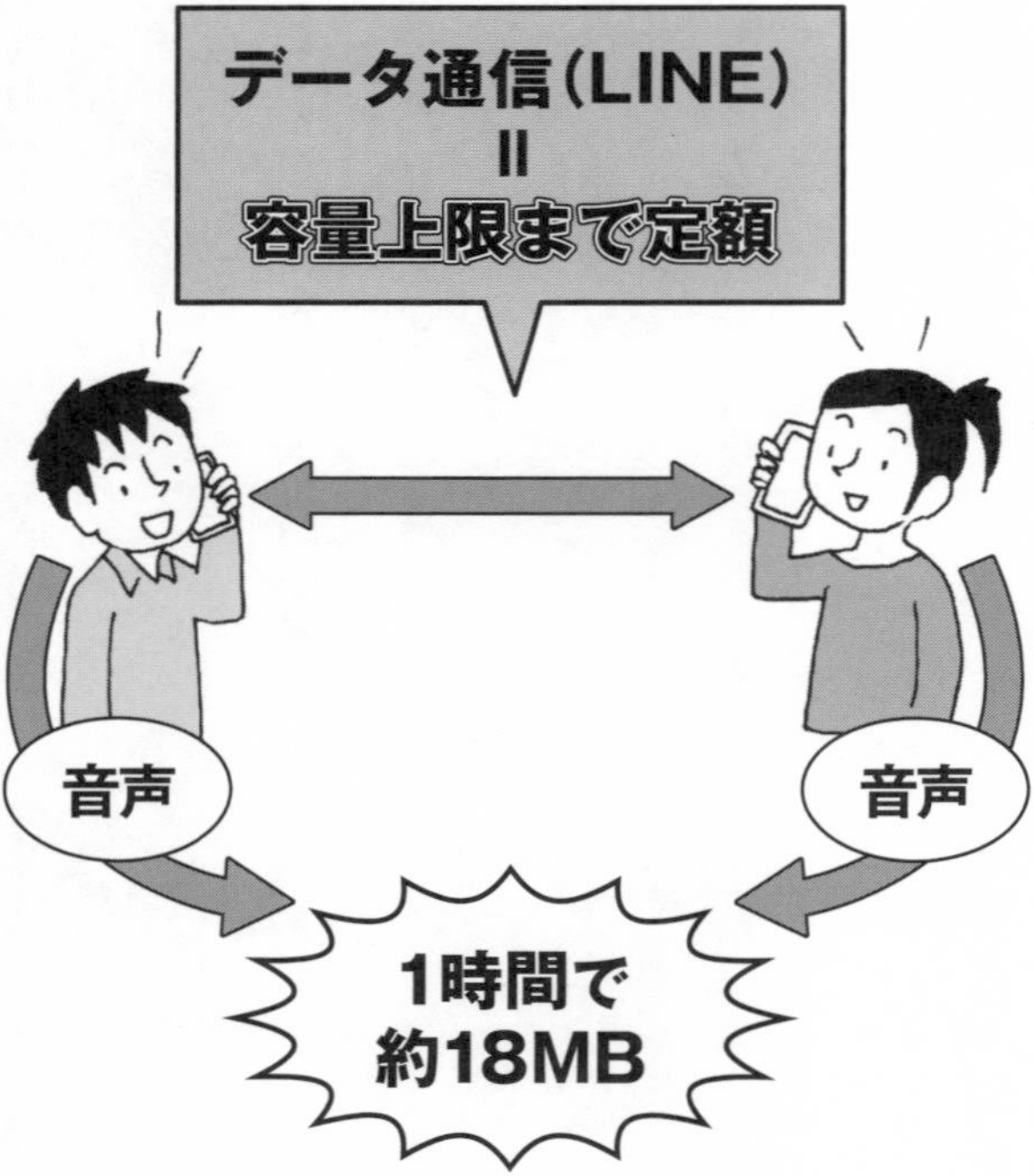

追加料金や速度制限がかかるのはなぜ？

個人データ通信の容量には限界が

えるとき、大勢の人が一斉にメールを送って障害が発生することがあります。基本的にはそれと同じで、追加料金や速度制限をかけることで一度にデータが集中しないようにして障害の発生を防いでいます。

◉ＮＨＫの受信料が値下げされた

電波といえば、２０２０年10月からＮＨＫの受信料が値下げされました。これまでは地上波のみの契約で月額およそ１３００円、衛星放送と地上波の契約で月額２２００円ぐらいだったのが、10月から地上波で35円、衛星放送（地上波を含

NHK受信料（2020年9月まで）

契約種別	支払区分	月額
地上波契約	口座・クレジット	1,260円
	継続振込など	1,310円
衛星放送契約（地上波契約含む）	口座・クレジット	2,230円
	継続振込など	2,280円

※消費税込み　沖縄県は料金が異なる

NHK受信料（2020年10月～）

契約種別	支払区分	月額	値下げ
地上波契約	口座・クレジット	1,225円	△35円
	継続振込など	1,275円	△35円
衛星放送契約（地上波契約含む）	口座・クレジット	2,170円	△60円
	継続振込など	2,220円	△60円

※消費税込み　沖縄県は料金が異なる

む）で60円値下げされています。

値段が安くなるのはうれしいことですが、そもそも受信料とは何なのか、あなたは知らずに払っていませんか。民放は無料で見られるのに、なぜＮＨＫには受信料を払うのでしょう？

民放とＮＨＫの大きな違いは、民放にはコマーシャル（ＣＭ）があり、ＮＨＫにはそれがないことです。「ＮＨＫにＣＭがないのは国営放送だから」と思っている人がいるかもしれませんが、それは違います。

国営放送には税金が投入されるので、放送局を運営する費用は全て国の予算から支出されます。しかも、国の命令に従わなければならず、時の政府に不都合な番組は制作できません。

ＮＨＫはこれとは性格が異なり、私たちから受信料を集めて国から独立した運営を行う公共放送です。

◉公共放送と国営放送の違い

ＮＨＫについては、放送法第15条が「公共の福祉のために、日本全国において受信できるように豊かで良い番組による放送サービスを行う」（要旨）と定めています。日本中どんな山奥に行ってもＮＨＫだけは映るように、人があまり住んでいないようなところにも中継施設を作って「日本全国において受信できるように」する責任がＮＨＫにはあります。

そのため全国47都道府県に放送局・支局があり、広い北海道には札幌のほか、函館、旭川、釧路などあちこちに放送局があります。これらの施設を維持するためのお金を私たちが負担するという仕組みになっています。

さらに、公共放送は特定の勢力や団体に左右されない公平な番組を作ることとされていて、国営放送のように税金で作るとなると、政府の意向が反映されかねません。また、利益を得ることが目的ではないため、民放のようにスポンサーから広告収入を得て番組中にＣＭを入れることはしていないのです。

税金が投入される国営放送

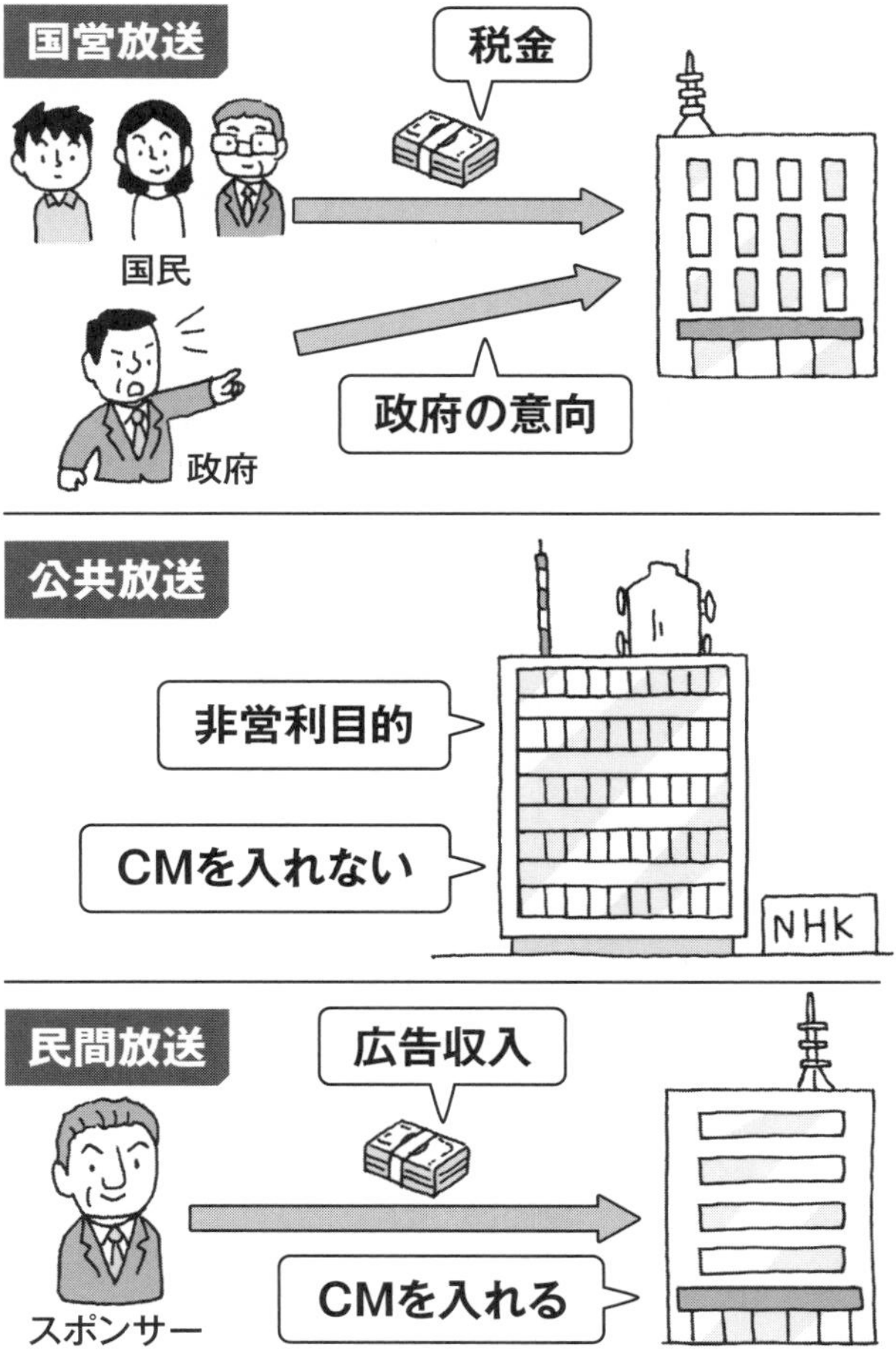

◉なぜ国民が負担する必要があるの？

そうはいっても、「受信料は税金ではないのだから、払わなくてもいいのでは？　国民は絶対に払わなければいけないの？」と疑問を持つ人もいるでしょう。

これについては、やはり放送法の第64条1項が「NHKを受信できる受信設備を設置した人は受信契約をしなければならない」（要旨）と定めています。

つまり、NHKが映る受信機、通常のテレビ受像機を持ったら、NHKと契約をしなければいけない。法律にはそう書いてあるのです。契約するのは義務なのですね。けれども、お金を払わなければいけないとは書いていません。「だから、払わなくてもいいんじゃないか」と言う人がいて、これは裁判になりました。

NHKが受信料を払わない人を訴えて、最終的に最高裁判所で事実上の支払い義務があるという判決が出ました。2017年12月のことです。

それ以来、NHKに受信料を払う人が増えてきて、NHKの受信料収入が増えたものだから、それもあって今回、値下げが実現しました。

◉受信料の使い道を見てみよう

私たちが払っている受信料は、NHKにとってとても大きな意味を持っています。2020年度のNHKの予算を見ると、収入は約7200億円。そのうち受信料収入が約7千億円です。これは収入の約97%に相当します。ということは、NHKの収入の大半が受信料だということですね。

その受信料がどんなことに使われているのか見てみましょう。

受信料の使い道で最も多いのは、国内向けの番組制作と放送に関連する費用で約5478億円、支出全体の7割以上を占めています。

そして、NHKがやらなければいけないこととして、こんなことにも使われています。それが番組・放送技術の調査研究です。NHK放送文化研究所やNHK放送技術研究所が設立されていて、特に後者は4K放送、8K放送などデジタル放送の技術開発を手掛けています。

NHKは海外向けの放送も行っていて、これには2種類あります。一つは、国内で

NHK業務別予算（2020年度）

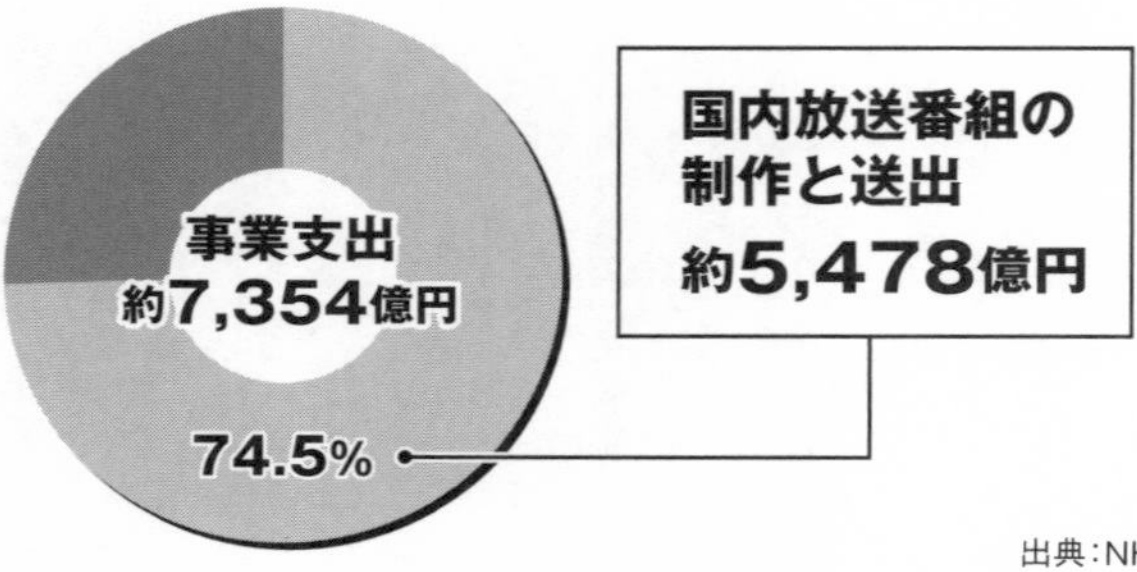

出典：NHK

NHK業務別予算の内訳（2020年度）

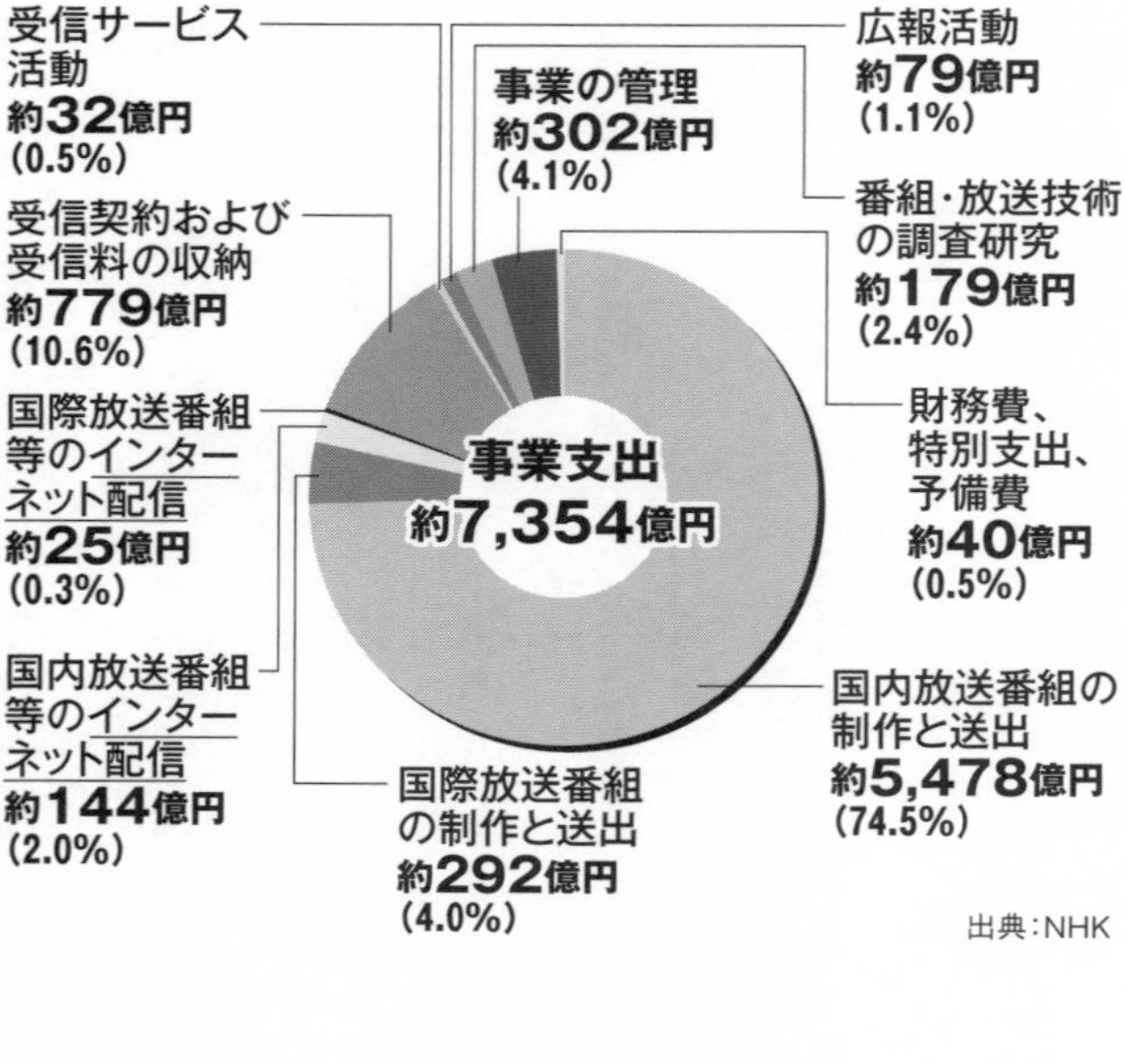

出典：NHK

集めた受信料で行う国際放送。もう一つは、海外のチャンネルで受信料を徴収し、その上で視聴してもらう放送です。

海外向けの放送では、国の委託を受けて制作している番組があります。これに関しては国からお金が出ています。受信料収入が100パーセントでないのは、このような別ルートの収入があるからです。選挙のときの政見放送もそうですね。立候補者の政見放送を流すのは、公共放送であるNHKの大事な仕事です。政見放送には国がお金を出していて、これも受信料以外の収入ということになります。

●国会で承認を得ないと予算が使えない

受信料の金額は誰がどんな基準で決めているのかも気になりますね。

NHKとしては、まず年間の予算を国会で承認してもらわないことには何もできません。国民が払う受信料だけでなく、いろいろな事業支出についても、国会が適正かどうか審議します。そうやって国民の代表がNHKをコントロールしているのです。

NHKがその予算を使えるようになるのは、国会で承認を得てからです。

となると、NHKは国会で多数を取っている政党に、つい遠慮したり忖度《そんたく》したりしてしまうのではないか。そう言って批判する人もいます。

受信料の金額については、NHKが1年間に必要な経費を計算し、これを世帯数で割って出します。国会で予算が承認されれば、私たちはそれを1カ月当たりいくらという形で払うことになります。

●タバコは値上げ、ビールは値下げ

NHK受信料のほかにも2020年10月から値段が変わったものがあります。それがタバコとお酒です。タバコは1箱50円ほど値上げされました。喫《す》わない人は「もっと上げろ！」と言い、喫う人は「税金払ってるんだからもっと自由に喫わせろ！」と言って、禁煙派と喫煙派の対立は深まる一方です。ビールの方は350ミリリットル缶で7円の値下げです。

ビールとタバコの税金については第3章でもふれました。ビールの場合、消費税込み220円の350ミリリットル缶は、本体価格200円のうち70円が酒税です。消

お酒とタバコは税金が取りやすい

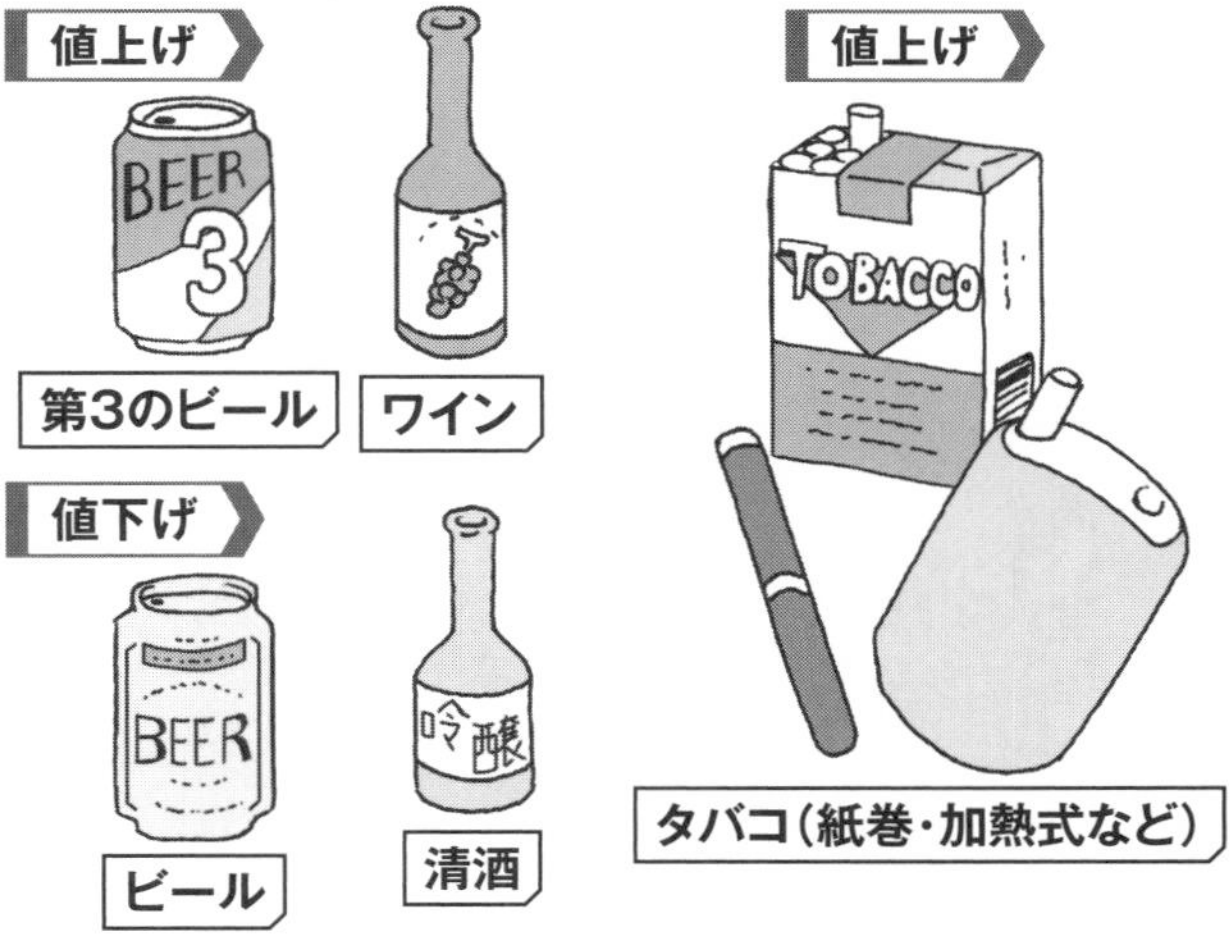

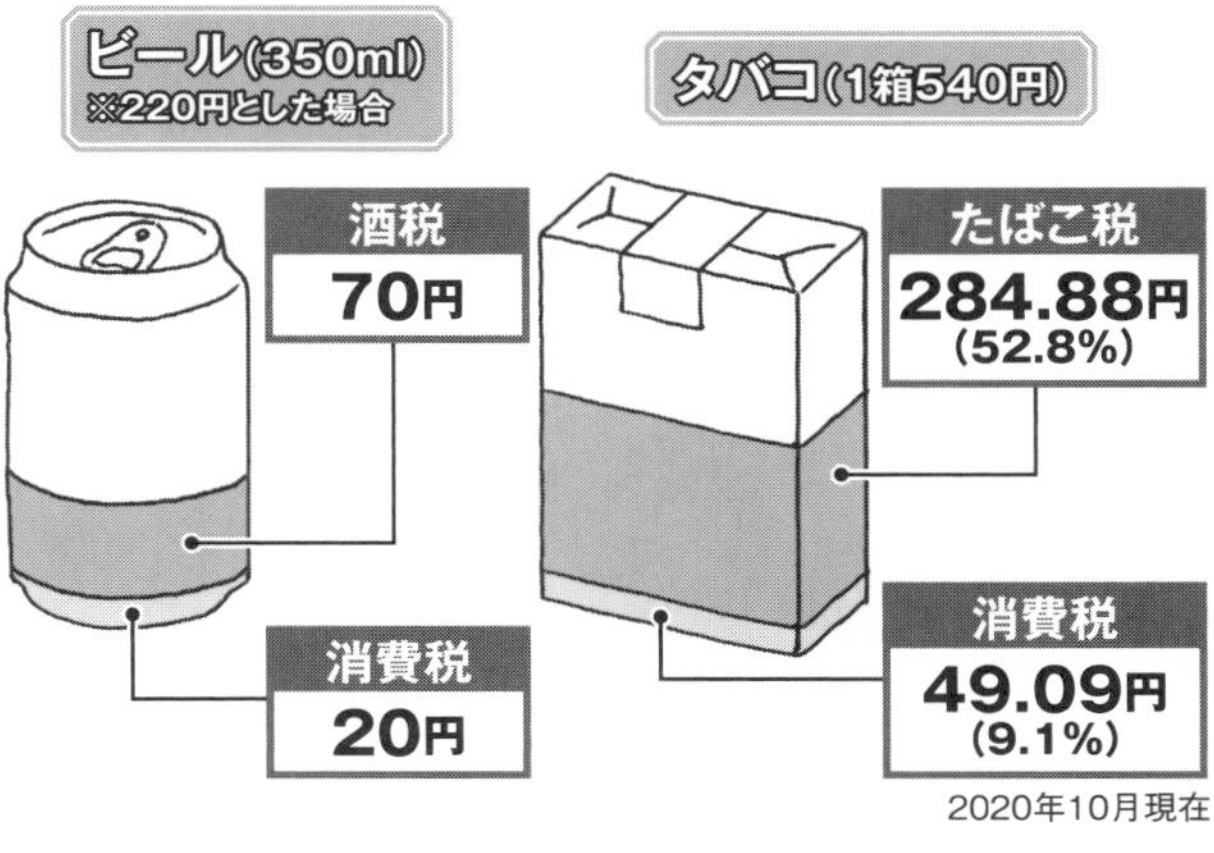

2020年10月現在

費税は20円。ざっと40%くらいの税金が国に入ります。

タバコは1箱540円のうち消費税が約49円、たばこ税が285円弱ということで、1箱20本入りを買うと、そのうちの12本ほどが税金で持っていかれる計算です。

タバコに関しては、2021年10月にさらに値上げが実施されました。代表的な紙巻タバコの小売価格は1箱540円から580円に改定されています。

最近、全面禁煙の施設が増えてきて、愛煙家の皆さんからは「これだけ税金を納めているのに、なんで肩身の狭い思いをしなきゃいけないんだ」という声が聞かれます。でも、タバコは決して健康にいいとは言えないので、なるべく喫わないで済むように値段を高くしているわけです。高くすると、喫わなくなるか、喫う人も本数を減らすでしょうし、「健康のために高くしたんです」と言えば、なかなか反対しづらいですから。

◉お酒やタバコの税金が高い理由

では、そもそもなぜお酒とタバコは税金が高いのか。

国税庁によると、お酒に税金をかけるようになったのは室町時代だそうです。タバコも、明治時代に税金を課すようになったといわれています。そして、お酒もタバコも明治時代に税金が上がったのです。

税金が上がったのは、国がそれだけ多くのお金を必要としたからです。明治時代に政府が多くのお金を必要とした理由は何でしょうか。

これはすぐわかりますね。戦争です。

明治時代、日本は大きな戦争を二度経験しました。日清戦争（明治27～28年）と日露戦争（明治37～38年）です。戦争遂行のための軍事費などで莫大なお金が必要になった政府は、お酒とタバコの税金に目を付け、どんどん上げていったといわれています。

なんと明治32（1899）年には酒税が国の税収の1位になったそうです（出典：国税庁）。国には巨額のお金が集まりました。特にビールはぜいたく品で、こういうものが飲めるのは一部のお金持ちだけです。お金持ちが飲むものに税金をかけても庶民は反対しなかったのです。

タバコに関しても、途中から専売制に移行して、タバコの葉の買い上げから製造・

販売まで全て国が引き受けるようになり、ライバルがいないのでいくら税金を上げても反対はありませんでした。

お酒とタバコは税金を取りやすいということで、戦後も税金の引き上げが続いて今に至っています。

現在も国は、お酒とタバコ（国たばこ税）から毎年それぞれ1兆円ほどの税収を得ています。

●借金返済のためにたばこ税が使われる!?

私たちは「たばこ税」と一括《ひとくく》りにしていますが、正確には3種類の税の総称です。国たばこ税、地方たばこ税、たばこ特別税の三つです。

国たばこ税は、文字通り国に入る税金。地方たばこ税の税収は、都道府県・市区町村に入ります。ある程度年配の方はご存じだと思いますが、以前はあちこちに「たばこは地元で買いましょう」という看板やのぼり旗が立っていました。地元でタバコを買えば、その自治体に税金（地方たばこ税）が入ります。

たばこ税には３種類ある

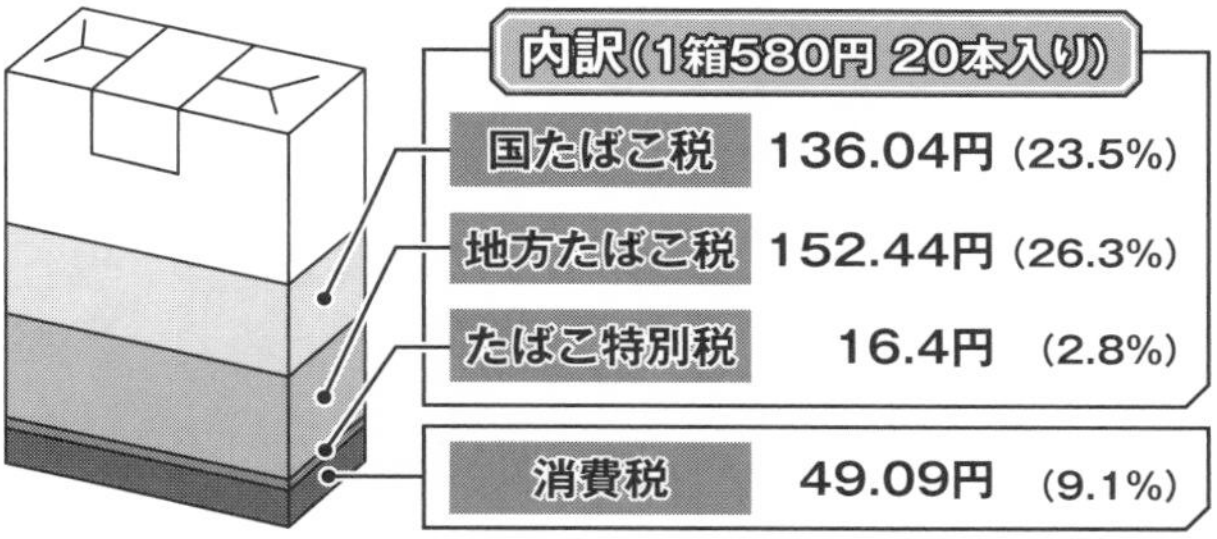

内訳（1箱580円 20本入り）

国たばこ税	136.04円	（23.5%）
地方たばこ税	152.44円	（26.3%）
たばこ特別税	16.4円	（2.8%）
消費税	49.09円	（9.1%）

2021年10月現在

以前はよく見かけた看板やのぼり旗

たばこ特別税の使途は？

※国有林野事業の
債務返済にも使用

たばこ特別税（1998 年～）

旧国鉄の借金返済が目的

《国鉄清算事業団の長期債務残高》

1998年度末

24兆98億円

2018年度末

16兆7553億円

出典：財務省

しかし、たばこ税の中には「あれ？」と思うような不思議な税もあります。それがたばこ特別税です。

割合だけ見ると2・8パーセント（2021年10月現在）と少ないように見えますが、その税収は2018年度で1248億円もあります（出典：財務省）。実はこのお金で、30年ほど前まであった国の事業の借金を返しているのです。

何の事業かというと、国鉄（日本国有鉄道）の債務返済です。国鉄は莫大な赤字を抱えて、「もうやっていけない」として民営化され、1987年にJRになりました。

JRになったとき、旧国鉄の莫大な赤字（借金）をJRに移して同社に返済を任せたら到底経営が立ちゆかないことがわかり、赤字を切り離しました。それをたばこ特別税の税収でコツコツ返しています。

借金がなくなれば、たばこ特別税もなくなるかもしれませんが、現状はかなり厳しいようです。

24兆98億円あった借金が、20年経ってもまだ16兆円以上残っています。当分、返済は終わりそうにありません。

◉昔はこんなものもぜいたく品だった⁉

ちなみに、30年ほど前までは、生活必需品でないものなどに物品税という税金がかかっていました。

この物品税は、表示された値段の中に物品税分が含まれていて、みんなあまり税金を意識しないで商品を買っていました。消費税のように外税ではなかったため、意外に気が付かなかったのです。

別名、贅沢税《ぜいたくぜい》ともいわれ、いわゆるぜいたく品が対象でした。貴金属にゴルフ用具、大型ヨット、大型テレビ、そして普通乗用車も昔はぜいたく品です。今とはだいぶ感覚が違いますね。レコードやCDもそうです。

ところが、レコードやCDでも、童謡だと認められると物品税はかかりません。童謡は子どものために必要なものだから、ぜいたく品ではないとみなされました。

当時、童謡なのか、それとも歌謡曲かで騒動になったのが、日本で一番売れたシングル曲、『およげ！たいやきくん』（1975年発売）です。これは人気が沸騰《ふっとう》して一般

生活必需品でないものにかかっていた物品税

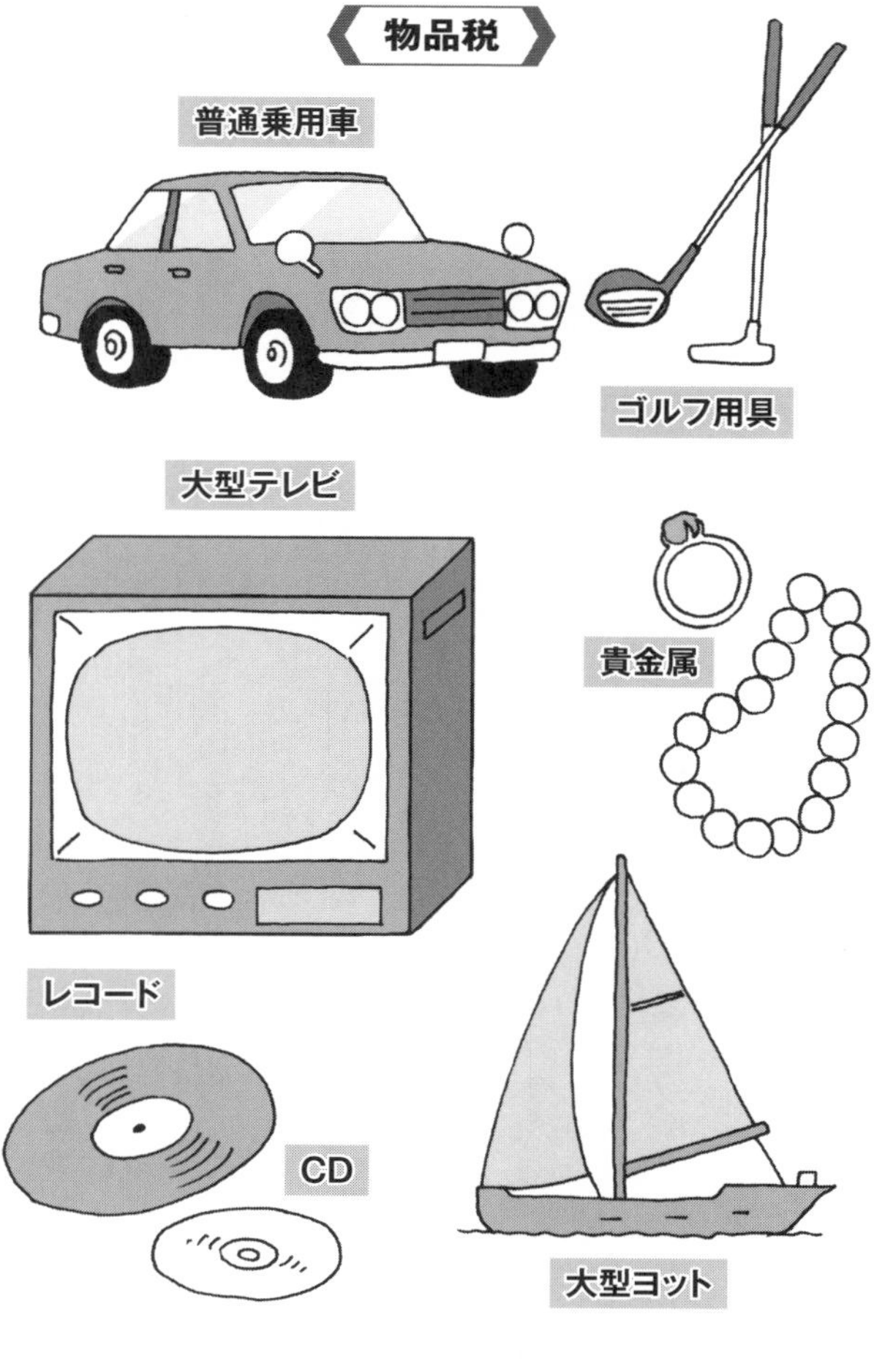

「およげ！たいやきくん」は歌謡曲か？ 童謡か？

およげ!たいやきくん(1975年発売)

売上　450万枚以上

の大人たちが大勢買いました。売上450万枚以上という大記録を作った作品です。

このとき国税庁は、税金がたっぷり取れると期待して物品税をかけると言ったのですが、レコード会社にとっては迷惑な話で、これは童謡だと主張して真っ向から対立しました。

もめにもめた結果、国は最後に童謡だと認めました。

その決め手になったといわれているのが、付属のぬりえです。

「ぬりえが付いているなら童謡だろう」という判断です。これで『およげ！たいやきくん』のレコードは物品税をかけられずに済みました。

◉サービス料、チャージ料、深夜料金とは？

続いては、お店で払うお金について。コロナ禍でテイクアウトやデリバリーが増え、店でご飯を食べることが少なくなりました。しかし、ワクチン接種が進んで感染拡大が収まってくれば、店に足を運ぶ機会は増えるはず。その時のために、店で払うお金についておさらいしておきましょう。

店によっては、サービス料やチャージ料、深夜料金がかかる場合があります。この三つ、何のために払っているのかわかりますか。

まずサービス料ですが、これは海外のチップと同じ意味合いです。料理に対する支払いとは別に、サービスへの対価として店に払うというものです。

チャージ料は、特にお酒を出すお店でよく聞くと思いますが、場所代や基本料金のようなものです。チャージ料の中にお通し代が含まれていることもあれば、お通し代は別に請求するお店もあって、店によっていろいろです。

同じ料理でも深夜料金が発生

そして、店によっては、同じものを食べても、夜遅くなるとかかってくるのが深夜料金。この料金には明確な理由があるのです。

労働基準法という法律で、午後10時から午前5時の間に働いた場合は、従業員に深夜労働手当（25％以上の割増賃金）を払わなければいけないと決まっています。店としては、人件費が上がるので、その分料金に上乗せさせてもらおうということです。

タクシーの深夜割増料金も同じことですよね。タクシーの運転手も夜10時以降に働く場合は、会社が通常より高い給料を払うことになるため、利用者に請求する料金もその分高くなるわけです。

◉電気料金の明細を見たことありますか？

最後に公共料金を取り上げます。

コロナ禍の影響でテレワークが増え、毎月の電気代が上がっているという人もいるのでは？　明細表で今月はいくらかかったかくらいは見ていると思いますが、電気料金の明細表に載っている内訳まで確認している人は少ないかもしれません。

よく見ると、ここにはたくさんのことが書いてあります。1段料金、2段料金、3段料金、燃料費調整、再エネ発電賦課《ふか》金とありますね。このお金って何のために払っているんでしょう？　あなたはよくわからないまま払っていませんか。

1段、2段、3段とあるのは、電気の使用量によって電気代の単価が異なることを表しています。1kWh《キロワットアワー》の値段が違うのです。

169ページの図を見てください。電気の使用量によって単価は3段階に分かれています（分け方は電力会社によって様々です）。1段料金は安く、1時間に1kW《キロワット》につき

電気料金明細表の内訳

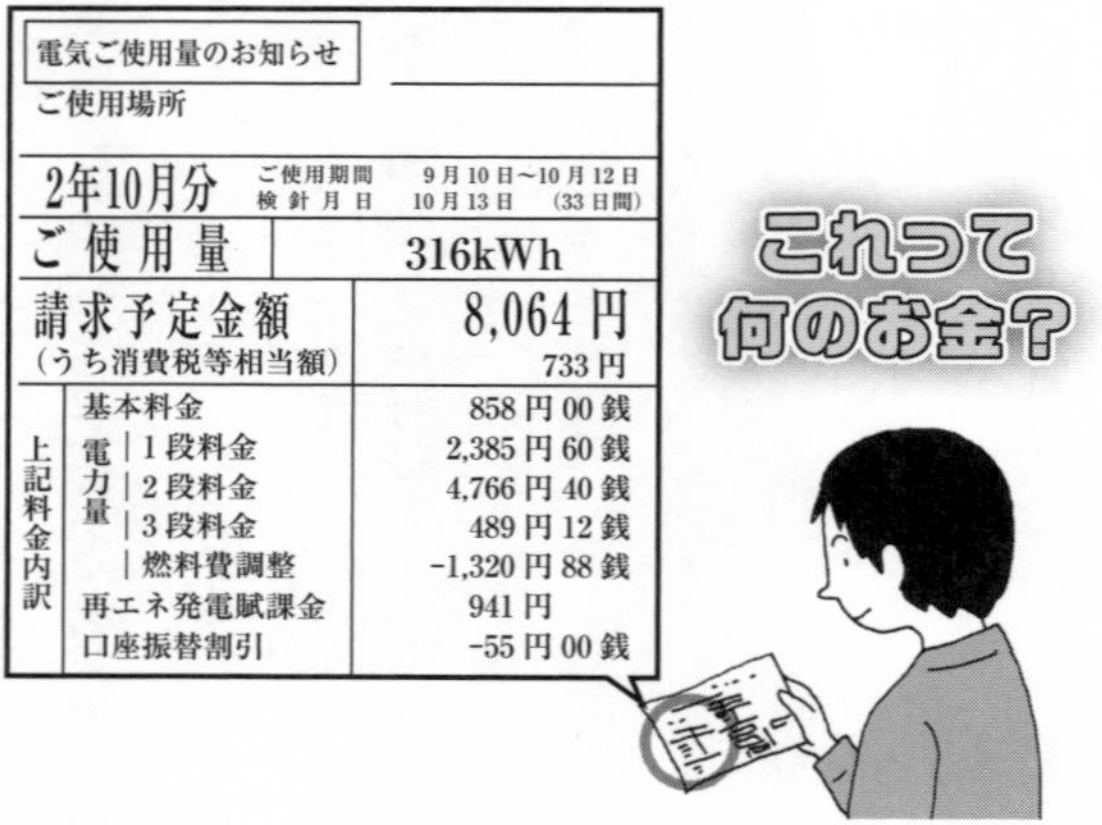

電気ご使用量のお知らせ		
ご使用場所		

| **2年10月分** | ご使用期間 | 9月10日~10月12日 |
| | 検針月日 | 10月13日　（33日間） |

| **ご使用量** | **316kWh** |

| **請求予定金額**（うち消費税等相当額） | **8,064 円** |
| | 733 円 |

上記料金内訳	基本料金	858 円 00 銭
	電力量｜1段料金	2,385 円 60 銭
	｜2段料金	4,766 円 40 銭
	｜3段料金	489 円 12 銭
	｜燃料費調整	-1,320 円 88 銭
	再エネ発電賦課金	941 円
	口座振替割引	-55 円 00 銭

これって何のお金？

約19円で済んでいます。これが2段料金になると、同じ1時間でも1kWにつき約26円に上がり、3段料金になると約30円になります。電気の使用量が増えれば増えるほど単価が上がる仕組みです。

1段料金が安いのは、どんなに経済状態の厳しい人でも最低限の電気は使うため、そういう人を想定して単価を抑えているからです。2段料金はごく普通に電気を使う人が対象で、標準的な電気使用量で標準的な単価を設定しています。それ以上たくさん使う人は、単価を高くしています。

もしあなたが3段料金をいっぱい払っ

電気使用量の３段階料金

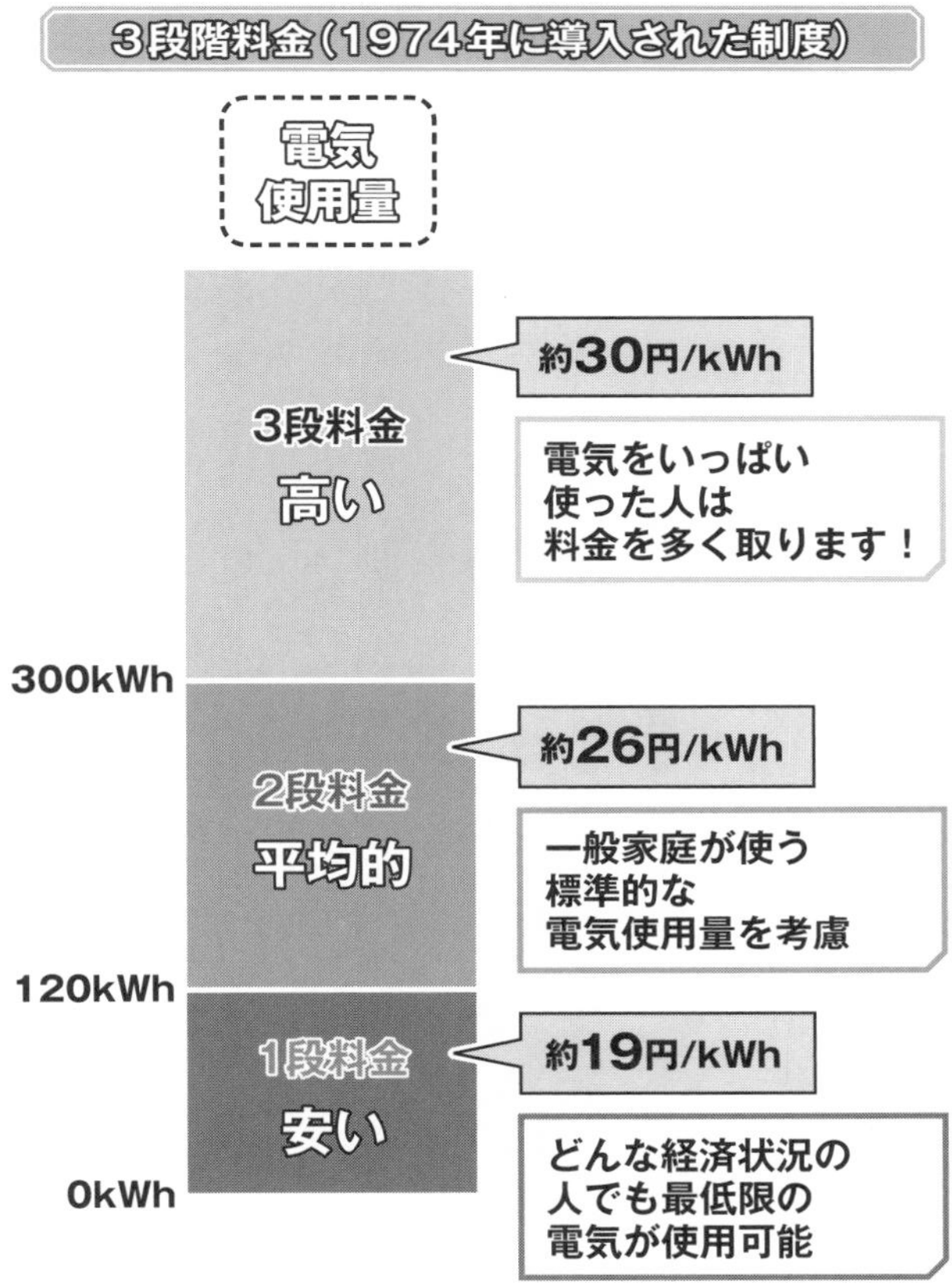

※料金は東京電力 従量電灯B･Cの場合
※電力量料金は契約アンペア数によって異なる電力会社もあります

ていたら、「ちょっと使い過ぎなんじゃないか」と疑ってみてください。逆にいえば、3段目までいかないようにすれば、電気代は安くなります。

この3段階料金は元々はなかったもの。できたきっかけはオイルショックです。1973年の第4次中東戦争で原油価格が高騰し、日本は石油不足に陥りました。当時は石油火力発電が主流だったので、石油が不足すれば十分な電力が作れません。そこで、電気をたくさん使う人には高い料金を払ってもらい、電気使用量を抑えようとしました。

3段階料金が始まったのは1974年。もう50年近く前から、電気代を節約してもらおうと、明細表には1～3段と分けて書いてあります。初めて知ったという人は、早めに明細表を確認して自分の家の電気使用量をチェックしてみましょう。

●燃料費調整って何のお金？

3段階料金は努力すれば節約できますが、残りの二つは元々決まっているお金です。そのうちの燃料費調整は何のお金だと思いますか。

電気代は、石油やガスの輸入価格で変わる

電気ご使用量のお知らせ

ご使用場所

2年10月分	ご使用期間 9月10日〜10月12日 検針月日 10月13日 (33日間)	
ご使用量	316kWh	
請求予定金額 (うち消費税等相当額)	8,064円 733円	
上記料金内訳	基本料金	858円00銭
	電力量 1段料金	2,385円60銭
	電力量 2段料金	4,766円40銭
	電力量 3段料金	489円12銭
	燃料費調整	-1,320円88銭
	再エネ発電賦課金	941円
	口座振替割引	-55円00銭

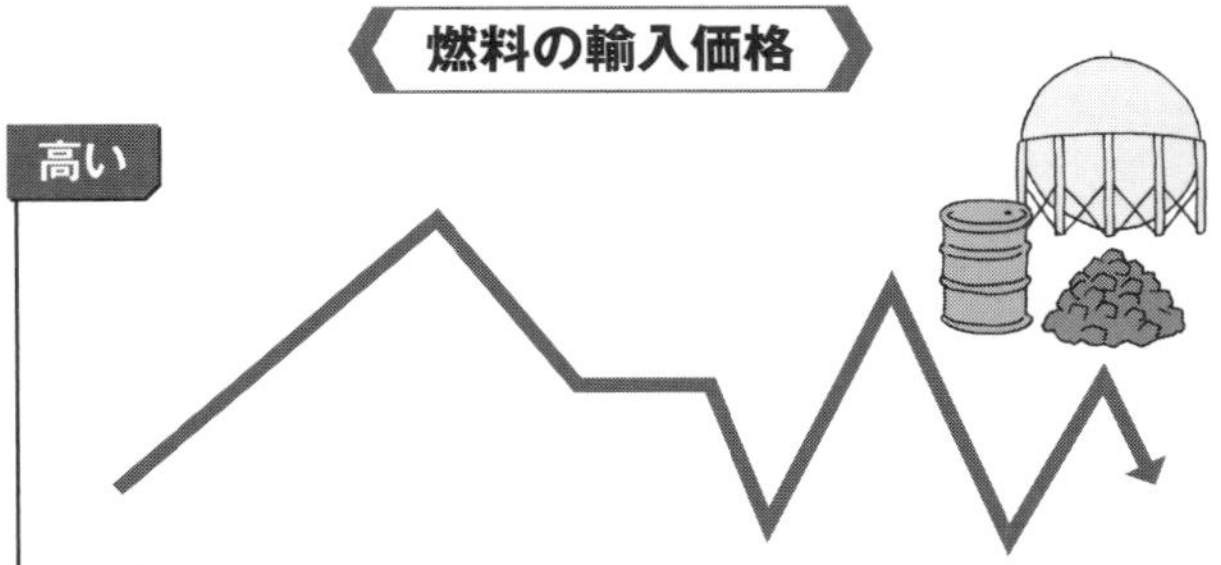

燃料の輸入価格

中東など産油国の情勢や為替変動で影響

日本は、発電するときに使う石油、天然ガス、石炭のほとんどを海外からの輸入に頼っています。ところが、これらの輸入価格は毎月変動します。輸入価格が値上がりすれば発電コストが高くなって電気代は上がり、輸入価格が値下がりすれば発電コストは低くなって電気代は下がります。

そしてこの輸入価格は、中東など産油国の情勢に左右され、1ドルが何円になるかという為替の変動によっても上がったり下がったりします。

171ページ上段のイラストの例では、燃料費調整はマイナス1320円88銭です。輸入価格が大きく下がったせいで、その分電気代は安くなっています。逆に輸入価格が値上がりすれば、電気代は上がり、その上がった分が私たちの負担となるのです。この場合、燃料費調整の数字はプラスになります。

燃料費調整の仕組みは1996年に導入されました。石油や天然ガス、石炭の値段が上がったときは、電力会社がいくら経営努力をしても抑えられないので、その分は利用者に負担してもらうというのが基本的な考え方です。

◉こんなものまで私たちが負担していた

そして再エネ発電賦課金。太陽光発電、風力発電、バイオマス発電など自然の力を利用して発電するエネルギーを再生可能エネルギーといいます。再エネ発電賦課金は全世帯が払っているお金です。

再生可能エネルギーに関しては、東日本大震災で全国の原発が停止したときに、これからは原子力発電に頼らないで再生可能エネルギーを増やそうということで、再エネ発電の電気を電力会社が買い取る制度を作りました。

2012年に始まって以来、電力会社が再生可能エネルギーを作っている人にお金を払って電気を買い取っています。その買い取るお金を電力会社が全部負担するのは大変だろうということで、一部をみんなで負担しましょうというのが再エネ発電賦課金です。こうすることで再生可能エネルギーが増えると期待されたのです。

実際、屋根にパネルを取り付けて太陽光発電をする家が増えました。そうやって自分の家で太陽光発電をしている場合、電力会社に買い取ってもらう契約をしていれば、

再生可能エネルギー

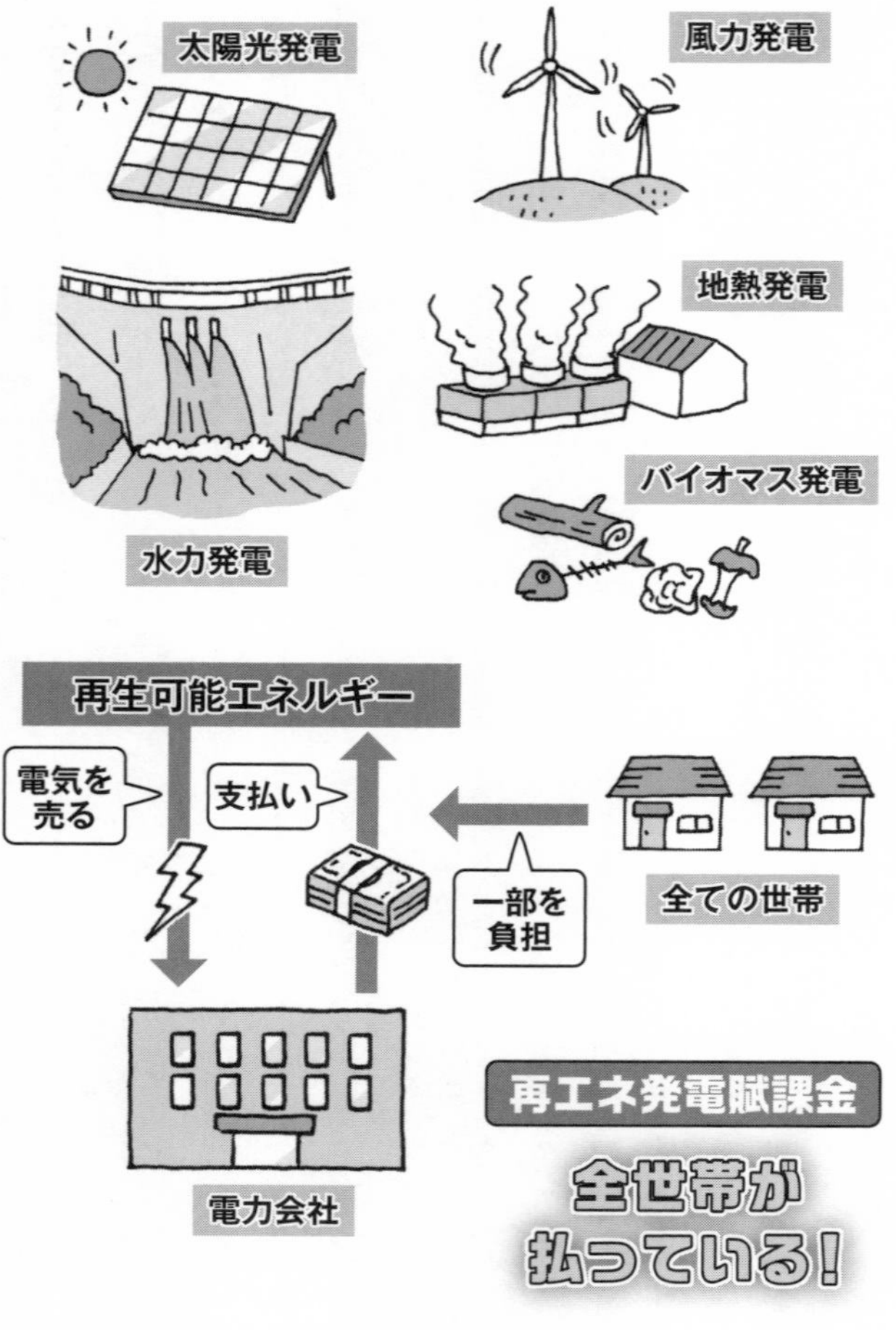
太陽光発電
風力発電
地熱発電
バイオマス発電
水力発電
再生可能エネルギー
電気を売る
支払い
一部を負担
全ての世帯
電力会社
再エネ発電賦課金
全世帯が払っている！

核のゴミは非常に強い放射能を持つ

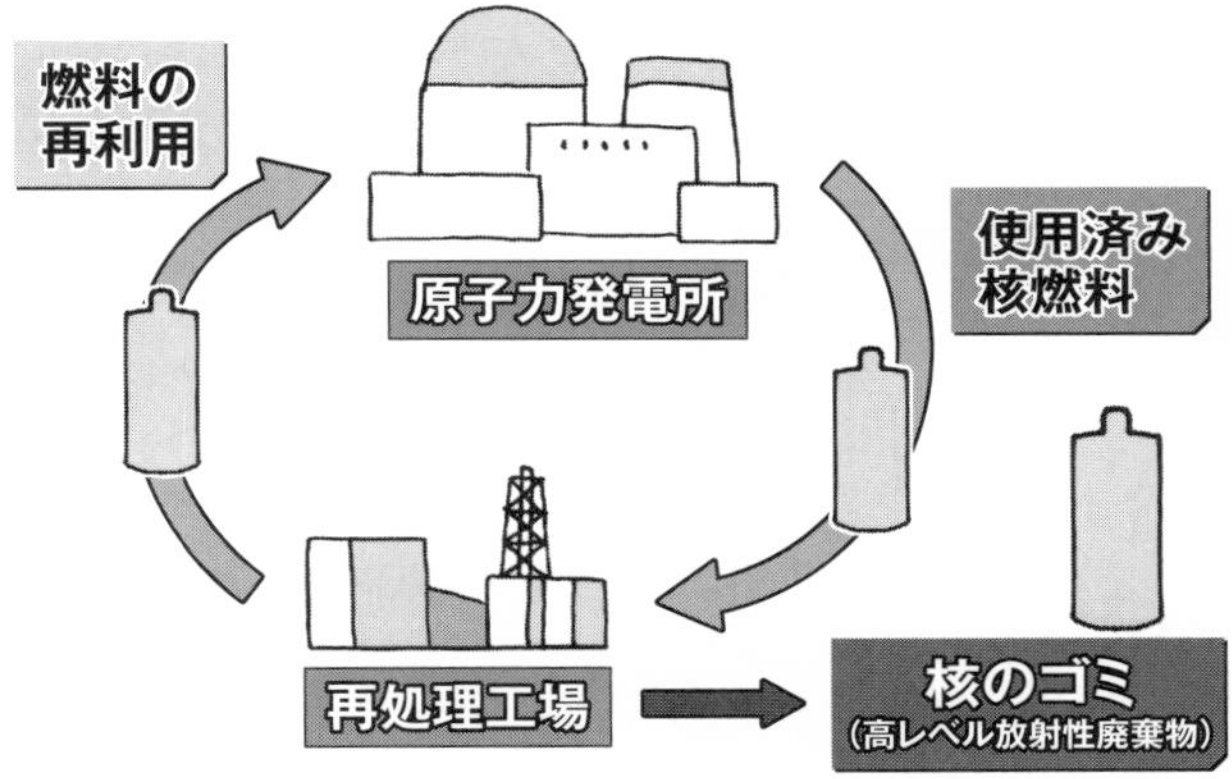

その分電気代は安くなります。これは太陽光以外の再エネ発電でも同じです。

◉避けて通れない「核のゴミ」問題

電気に関連して、どうしても避けて通れない大切な問題があります。それが「核のゴミ」の問題です。

上のイラストを見てください。原子力発電所を動かすと、発電後に使用済み核燃料が残ります。これを再処理工場で処理して、燃料として再利用できるように加工するのですが、この時、再利用できない高濃度の放射性物質が発生します。

この高レベル放射性廃棄物を、通称「核

核のゴミの保管方法

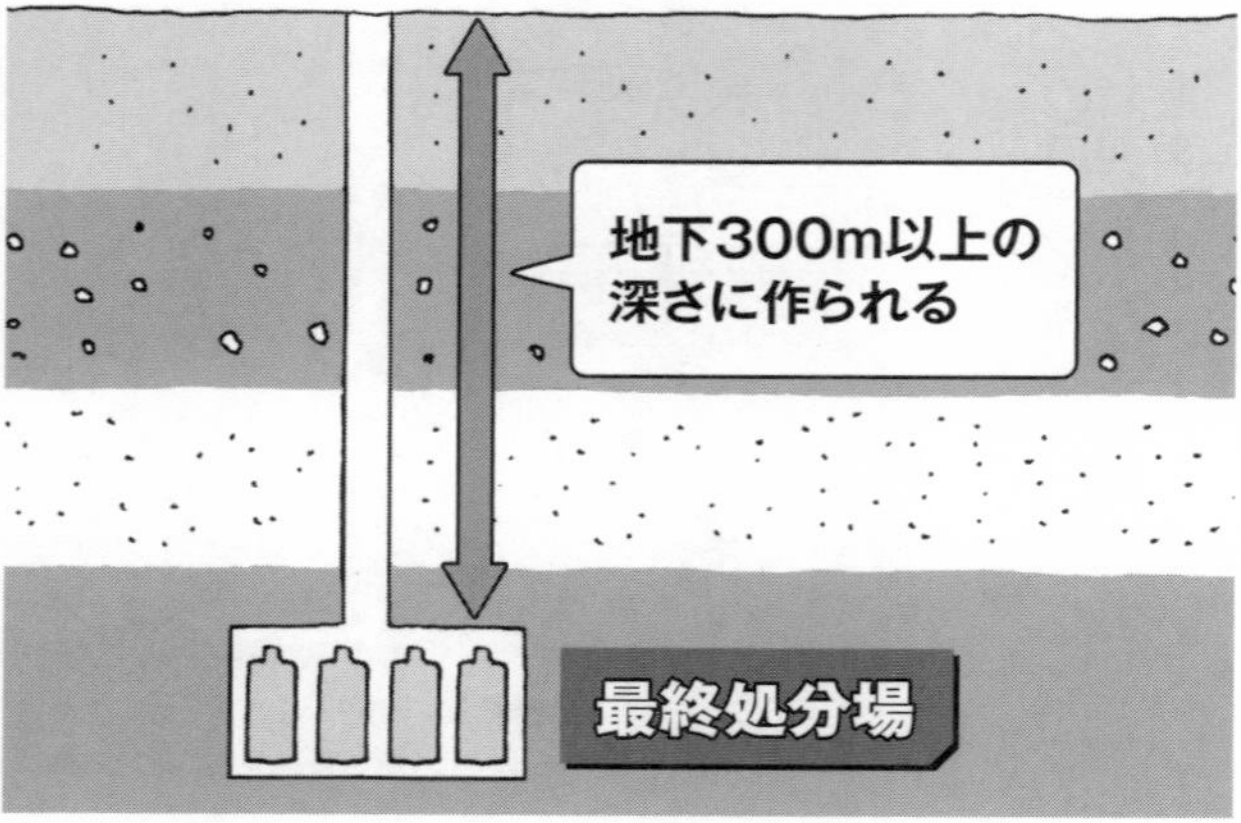

のゴミ」と呼んでいます。

核のゴミは強力な放射能を持っていて極めて危険です。人間がそばにいると約20秒で死んでしまうそうです。

それでも、この放射性物質は放射線を出しながら長い時間をかけて性質が変化します。時間の経過とともに、出される放射線の量が徐々に減っていくのです。人間にとって安全なレベルになるまでざっと10万年かかるといわれています。ということは、10万年の間、どこかに安全に保管しておかなければいけないわけです。

現在、核のゴミは、密閉した容器に詰

めて青森県の六ヶ所村と茨城県の東海村に一時的に保管されています。その数は約2500本（2021年3月末時点）。問題はこれからどうするかです。あくまで一時的な保管ですから、10万年保管する場所をどこかに見つけない限り、ゴミの処分を終えたことにはなりません。

◉10万年間、地下の最終処分場で保管

核のゴミを10万年の長きにわたって保管する場所が、地下300メートル以上の深さに作られる最終処分場です。しかし、現在稼働している最終処分場は世界中で一つもなく、フィンランドの最終処分場は建設中、スウェーデンはまだ場所が決まっただけです。

国内の最終処分場をどこに決めるかですが、我こそはと思う自治体は手を挙げてくださいと政府が呼びかけて、2020年10月に北海道の二つの自治体、寿都町《すっちょう》と神恵内村《かもえないむら》が調査の受け入れを発表しました。寿都町の片岡春雄町長と神恵内村の高橋昌幸村長は、核のゴミの議論を国内全体に広めたいと話しています。

最終処分場をどこに決めるか？

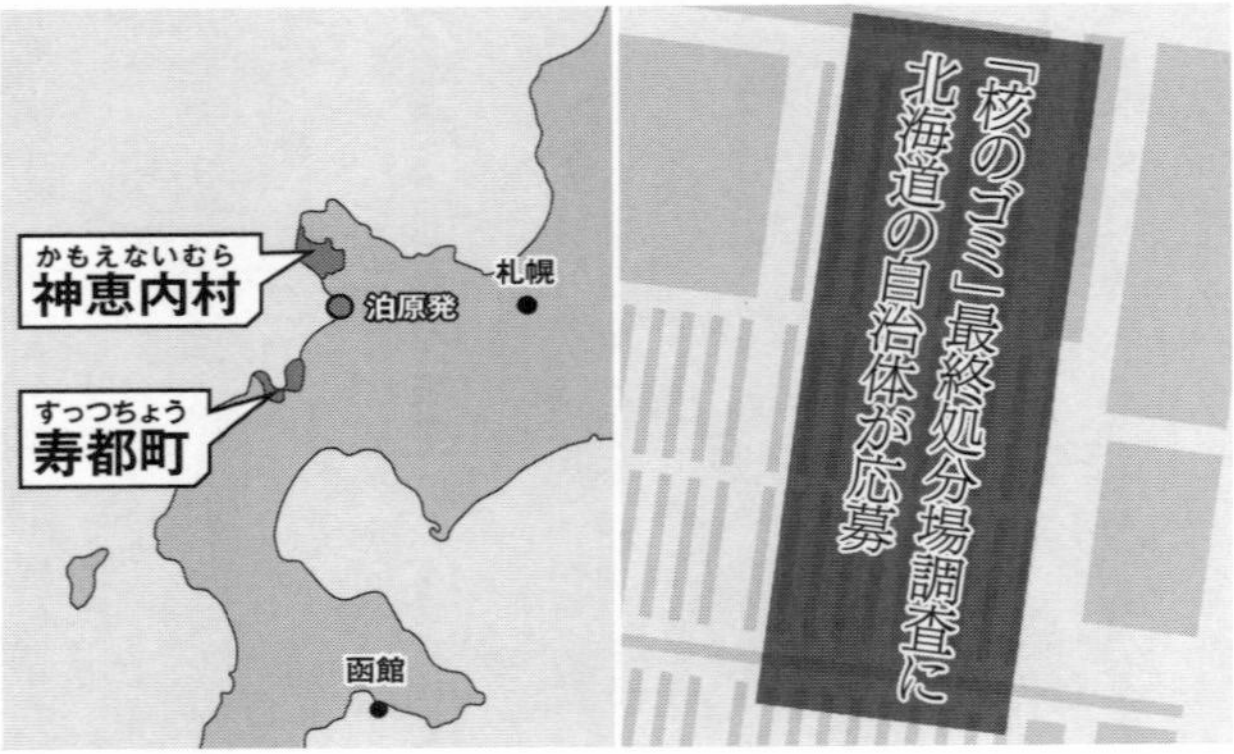

「核のゴミ」最終処分場調査に
北海道の自治体が応募

最終処分場の決定まで

約20年

文献調査 → 概要調査 → 精密調査

最大20億円

文献調査

地質などが適しているか資料による事前調査

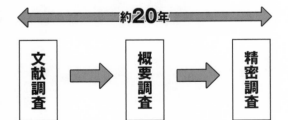

しかし、一部ではこんな声も上がっています。国からの交付金が欲しいのではないかという声です。今回、二つの自治体が手を挙げたのは文献調査です。その地域が核のゴミを埋める場所としてふさわしいかどうか、地質などが適しているかどうかを、いろいろな資料で調べるというもので、これをすると2年間で最大20億円の交付金が受け取れます。過疎の町や村にとっては貴重なお金です。

このように、交付金を出すので手を挙げてほしいとお願いすることで、二つの町と村に続いて他の自治体も手を挙げてくれるのではないかと国は期待しているわけです。

もっとも、手を挙げた自治体で文献調査から概要調査、さらに精密調査へと進んでも、ふさわしくない、向いていないという結論が出ることもあり得ます。そうなった場合、いつまで経っても最終処分場が決まらず、核のゴミが増え続けることになります。

2021年11月11日現在、原子力発電所は停止中の原子炉が多く、稼働しているのは7基だけです（出典：原子力規制委員会）。しかし、たとえ全ての原発を停止したとしても、これまでに出た核のゴミがなくなることはなく、最終処分場をどうするのか決めなければ、問題は先送りされるだけです。

見方を変えると、これまでは処分場が決まっていないのに、ずっと原発を運転してきたわけです。原発を運転すればどうしたって核のゴミが出る以上、これの扱いについては私たちみんなで考えていく必要があります。

私たちが電気を安定的に使っているその裏には、こういう問題もあるんだということを知っておいてほしいと思います。

著者略歴

池上 彰（いけがみ・あきら）

1950年、長野県松本市生まれ。慶應義塾大学経済学部を卒業後、NHKに記者として入局。

さまざまな事件、災害、教育問題、消費者問題などを担当する。1994年４月から11年間にわたり「週刊こどもニュース」のお父さん役として活躍。わかりやすく丁寧な解説に子どもだけでなく大人まで幅広い人気を得る。

2005年３月、NHKの退職を機にフリーランスのジャーナリストとしてテレビ、新聞、雑誌、書籍、YouTubeなど幅広いメディアで活動。

2016年４月から、名城大学教授、東京工業大学特命教授など、９大学で教える。

おもな著書に『伝える力』シリーズ（PHPビジネス新書）、『知らないと恥をかく世界の大問題』シリーズ（角川SSC新書）、『なんのために学ぶのか』（SBクリエイティブ）など、ベストセラー多数。

■本書は、「池上彰のニュースそうだったのか!!」（2020年８月15日、10月24日、11月28日、2021年１月23日）の放送内容から構成し、編集・加筆しました。

SB新書　570

20歳《さい》の自分《じぶん》に教《おし》えたいお金《かね》のきほん

2022年1月15日　初版第1刷発行
2023年6月８日　初版第7刷発行

著　者　池上《いけがみ》 彰《あきら》+「池上彰《いけがみあきら》のニュースそうだったのか!!」スタッフ

発行者　小川 淳

発行所　SBクリエイティブ株式会社
〒106-0032　東京都港区六本木2-4-5
電話：03-5549-1201（営業部）

装　幀　杉山健太郎

組版・図版作成　株式会社キャップス

編集協力　渡邊 茂

イラスト　堀江篤史

写　真　テレビ朝日
大津市消防局

印刷・製本　大日本印刷株式会社

本書をお読みになったご意見・ご感想を下記URL、
または左記QRコードよりお寄せください。

https://isbn2.sbcr.jp/11767/

ISBN 978-4-8156-1176-7